Rosa Maria Roller

# Glück entscheide ICH

Weshalb Glück bei dir anfängt, und wie du dich

in jedem Moment dafür entscheiden kannst.

Fotos: Marianne Kaindl/SeeMarketing

Verlag & Herausgeber

Expertition
Holte 5
51688 Wipperfürth

ISBN
Paperback: 978-3-910236-12-7
E-Book: 978-3-910236-13-4

Über die Autorin

Rosa Maria Roller ist systemischer Coach und Beraterin, Heilpraktikerin, Stress-Burnout-Trainerin und Speakerin und bringt ein breites Spektrum an Kenntnissen und Fähigkeiten in ihre Arbeit ein.

Rosa Maria Roller weiß als Mutter, Großmutter und Unternehmerin aus erster Hand, wie wichtig es ist, sich Zeit für sich selbst zu nehmen und auf die eigene Gesundheit und das Wohlbefinden zu achten.

Ihre Mission ist es, ihre Klientinnen und Klienten zu einem bewussteren Leben zu führen. Sie unterstützt sie dabei, sich wieder mit ihrer Schöpferkraft zu verbinden und Selbstvertrauen zu entwickeln. Rosa Maria hilft ihnen, dem Weg ihres Herzens zu folgen und ihre Träume und Visionen in die Realität umzusetzen.

Rosa Maria lebt mit ihrem Mann am Bodensee oder auf der Schwäbischen Alb und liebt die Natur. Bewegung ist ihr sehr wichtig, genauso wie Zeit zur Reflexion für sich selbst, um dann wieder voller Power für ihre Familie, insbesondere ihre Enkel und ihre Klientinnen und Klienten durchzustarten.

Für David, Lisa und Christoph

Inhaltsverzeichnis


**Vorwort** ..... 11

**Prägungen aus der Kindheit** ..... 21

Gedanken erschaffen unser Leben ..... 32

Sag dir die Wahrheit! ..... 41

**Achtsamkeit und Präsenz** ..... 49

**Die Macht der Fragen** ..... 61

**Meditation – komm zur Ruhe** ..... 65

Dein Weg zur Selbstliebe ..... 71

**Die Kraft der Absicht!** ..... 77

**Ziele, Träume und Visionen** ..... 87

**Fokus!** ..... 117

**Dein Umfeld beeinflusst dich und du dein Umfeld** ..... 123

**Opfer oder Schöpfer?** ..... 137

**Ernährung & Glück** ..... 151

**Sport und Bewegung** ..... 163

**Verbundenheit** ..... 173

**Dankbarkeit** ..... 183

**Herzlichen Dank** ..... 193

## Vorwort

Wir sind mehr, als wir glauben, zu sein.

Als kleines Mädchen, schon mit sechs oder sieben Jahren, lag ich oft in meinem Bett und habe mich gefragt: Wer bin ich und wo komme ich her? Intuitiv wusste ich schon damals, dass ich nicht nur mein Körper bin. Ich spürte eine Unendlichkeit des Seins, eine Energie, etwas, mit dem ich als Teil untrennbar verbunden bin. In diesem Gefühl fühlte ich mich geborgen, geliebt. Dieses Gefühl war in gewisser Weise auch ein Rückzugsort, denn ich wusste, egal, was im Außen passiert, letztlich bleibt diese Verbundenheit in mir unberührt.

Dieses Gefühl und diese innere Gewissheit haben mich durch mein Leben begleitet und sich wie ein schützender Mantel um mich gelegt, der mich bei den größten Herausforderungen, Krisen und Schicksalsschlägen gestärkt hat und mich darauf vertrauen ließ, dass alles so gut ist, wie es ist. Es gab jedoch Zeiten, da war ich mehr, und auch mal weniger verbunden. Ich hatte Phasen in meinem Leben, in denen ich nur funktionierte, mich anstrengte, der Rolle gerecht zu werden, die ich eingenommen hatte. In diesen Zeiten nahm ich mich selbst nicht mehr wahr, ignorierte meine Bedürfnisse und

Gefühle, und versuchte es allen recht zu machen. Ich war mit mir nicht mehr verbunden, und konnte in dieser Zeit auch die Verbundenheit mit etwas Größerem nicht mehr spüren.

Was sich jedoch wie ein roter Faden durch mein Leben zieht, ist mein Vertrauen ins Leben. Als ich im Alter von 31 Jahren während der Schwangerschaft mit meinem dritten Kind die Diagnose bekam, dass mein Sohn mit einem schweren Herzfehler auf die Welt kommen wird, waren meine Gedanken – nach dem ersten Schock – zu keiner Zeit damit behaftet, zu jammern und zu klagen. Ich freute mich so sehr auf das Kind, und das ließ ich mir nicht nehmen. Ich nahm eine Haltung der Zuversicht ein, die mich durch die Schwangerschaft begleitete und – davon bin ich auch noch heute zutiefst überzeugt – dazu beitrug, dass die Geburt harmonisch und spontan verlief.

Aufgrund der Komplexität des Herzfehlers musste mein Sohn im Laufe seines Lebens mehrere Male am offenen Herzen operiert werden. Die erste große OP fand statt, als er erst vier Jahre alt war. Während den, oftmals zwölf bis vierzehn Stunden andauernden Operationen, saß ich anfangs unruhig im Wartebereich der Klinik, mit Herzklopfen und schwitzigen Händen. Ständig sah ich auf die

Uhr. Ich lief den Flur auf und ab, doch irgendwann gelang es mir – trotz der Angst mein Kind zu verlieren – an mein Vertrauen anzuknüpfen, dass alles gut gehen wird. Ich wurde ruhiger und fühlte diese Verbundenheit mit etwas Größerem, meinen Ort der Kraft, an den ich mich innerlich zurückziehen konnte. Und es war nötig, dass ich Kraft hatte, denn ich hatte noch zwei Kinder – einen Sohn im Alter von neun Jahren und eine Tochter mit sechs Jahren, die mich auch brauchten. Auch für sie war es nicht einfach, mit dieser neuen Situation umzugehen: Sie hatten ein krankes Geschwisterchen und eine Mutter, die plötzlich nicht mehr kontinuierlich zu Hause, sondern mit dem kleinen Bruder in der Klinik war.

Dazu kam ein Jahr später auch noch die Trennung von meinem Mann. Es war damals nicht leicht für mich. Ich hatte drei Kinder, war alleinerziehend und oft überfordert mit Ängsten und Sorgen.

Jedoch haben mich weder die Umstände noch Geldmangel davon abgehalten meine Träume und Ziele aus den Augen zu verlieren und ihnen zu folgen. Ob es die Heilpraktikerausbildung war, die ich absolvierte und deren Prüfung ich mit Bravour abgeschlossen habe, die Praxis, die ich dann eröffnete, oder das Haus, das ich kaufte. Immerzu hatte ich das Vertrauen, dass alles gut geht, ich es schaffe. Meine Verbundenheit war bei mir. Der Mantel schützte mich und machte mich stark, auch bei großen Schicksalsschlägen.

Mein Sohn ist 2013 verstorben und ich bin unendlich dankbar für die gemeinsame Zeit mit ihm. Ich durfte so viel lernen, war oft extrem herausgefordert und habe dadurch Kräfte mobilisiert, die ich nie für möglich gehalten hätte. Durch ihn und das, was ich durch diese Herausforderung erfahren durfte, habe ich zu schätzen gelernt, wie wertvoll jeder Augenblick und wie kostbar das Leben ist.

Denn wir haben nur JETZT zur Verfügung, gestern ist vorbei und morgen bislang nicht eingetroffen. Somit können wir auch nur JETZT glücklich sein. Unser Leben ist zu kurz für später. Das durfte ich erfahren und danach lebe ich.

Meine Mission ist es, auch dich, liebe Leserin und lieber Leser, wachzurütteln. Ich möchte Menschen dafür sensibilisieren, bewusster zu leben und ihre Umstände, Krankheiten oder Herausforderungen als Chance zu erkennen und zu nutzen, anstatt über das Gestern zu jammern und auf das Morgen zu hoffen.

Ich durfte in den nunmehr zwanzig Jahren meiner Praxistätigkeit, viele Patient*innen und Klient*innen begleiten und es erfreut und fasziniert mich jedes Mal aufs Neue zu sehen, welch wundervolle Ergebnisse sie erzielen und wie glücklich sie sind, wenn sie aufhören sich, als Opfer zu betrachten. Wenn sie Verantwortung übernehmen und ihrem eigenen Weg folgen. Diese Veränderung zu begleiten und zu unterstützen, bereitet mir unglaubliche Freude.

Ich bin von Natur aus ein sehr neugieriger Mensch und die Mystik fasziniert mich, seit ich mich erinnern kann. Schon immer wollte ich die Dinge hinter den Dingen wissen. Im Laufe meiner Heilpraktikertätigkeit machte ich die Erfahrung, dass letztlich nicht ausschließlich die Behandlungen zur Linderung oder Heilung der Beschwerden meiner Patient*innen führte. Stattdessen waren es die Gespräche, die Zuwendung und das Verständnis, das ich ihnen entgegenbringe, die einen wesentlichen Teil – meines Erachtens sogar den größten Teil – zur Genesung beitragen. Wenn ich mit Menschen, die zu mir kommen anschaue, was sich hinter den Symptomen verbirgt, was ihr Körper durch die Krankheit zum Ausdruck bringen will, das bisher vielleicht unterdrückt wird, dann taucht meist eine Unzufriedenheit mit ihrem Leben und/oder mit sich selbst auf.

Diese Erfahrungen und der Wunsch, mehr über die Zusammenhänge, Psyche, Körper und ein glückliches Leben, zu erfahren, führte mich in die Welten der Neurowissenschaft, Epigenetik und Quantenphysik. Welche Auswirkungen unsere Gefühle, Emotionen und unsere (größtenteils unbewussten) Glaubenssätze nicht nur auf unseren Körper, sondern auf unser ganzes Leben haben, beeindruckt mich täglich aufs Neue. Mit dem tieferen Eintauchen in diese Materie verstand ich mich und das, was ich lebte, immer mehr. Das, was ich schon immer intuitiv gespürt hatte, nämlich dass wir mit etwas Größerem verbunden sind, dass alles im Leben einen Grund und einen Sinn hat, und wir nicht Opfer der Umstände sind, bestätigte sich mir, durch diese Forschungen der neuen Wissenschaft.

Mit diesem Wissen, meinen Erfahrungen und Erkenntnissen, unterstütze ich meine Patient*innen und Klient*innen auf eine ganz besondere Art und Weise. Auch mein Leben änderte sich um hundertachtzig Grad.

Ich lebe heute in glücklicher Partnerschaft mit meinem Mann auf der Schwäbischen Alb und in Immenstaad am Bodensee. Wir erfreuen uns zusammen an fünf wundervollen Enkelkindern und sind unendlich dankbar, so gesegnet und beschenkt zu sein. Unsere wunderbaren

Kinder gehen mit ihren Partnern und Familien ihren eigenen großartigen Weg und wir sind überglücklich, dass wir es – als Patchwork-Familie – geschafft haben einen harmonischen und respektvollen Umgang miteinander zu pflegen. Mit meinen sechzig Jahren bin ich fitter und gesünder, denn je und lebe meine Berufung mit Freude und Leidenschaft: Menschen in ein glückliches, gesundes Leben zu führen. Doch, was hat das nun mit dir zu tun?

In diesem Buch lade ich dich dazu ein, zu entdecken, wer du wirklich bist. Ich lade dich ein, zu erkennen, dass dein Glück nicht von äußeren Umständen abhängig ist, sondern dass auch diejenigen Ereignisse und Situationen in deinem Leben, die dir vielleicht nicht gefallen und über die du gerade unglücklich bist, genau richtig sind.

Das Leben ist ein Geschenk, und zwar in jedem einzelnen Augenblick, und es macht dich genau in diesen Situationen, die dir vielleicht ungerecht oder unnötig erscheinen, darauf aufmerksam, dass du etwas lebst, was dir nicht entspricht. Es bietet dir dadurch die Möglichkeit und fordert dich auf, etwas in dir zu befreien: dein wahres Wesen, und deine konditionierten Glaubenssätze über dich aufzugeben. In meinen Augen kann ein glückliches Leben nur gelingen, wenn wir bewusster werden, aus unserem Schlaf des Funktionierens aufwachen und uns darüber klar werden, was und wer wir sein wollen. Wenn wir wieder lernen, unserer Intuition und unserem Bauchgefühl zu vertrauen. Dafür müssen wir den Mut aufbringen, unserem Herzen zu folgen und aufhören, das zu leben, was wir glauben, leben zu müssen.

Jetzt höre ich dich schon sagen: „Das geht nicht, das kann ich nicht, das ist eine Illusion, ich bin nicht der Typ dazu, ich habe die Mittel nicht dazu, mir fehlt das Talent", doch glaube mir, das alles existiert nur in deinem Kopf. Du bist nicht dein Verstand, sondern du hast einen Verstand, also nutze ihn weise. Wie du deine einschränkenden Glaubenssätze, die dein Verstand dir permanent einredet, umprogrammieren kannst und wie du – unabhängig von den Umständen – glücklich sein kannst, das erfährst du in diesem Buch.

Ich möchte dich wachrütteln, für ein Leben in Freude, Lebendigkeit und Fülle. Du erfährst, wie du es schaffst, mutig und im Vertrauen dem Weg deines Herzens zu folgen und was dich bislang davon abgehalten hat. Wir ergründen gemeinsam, weshalb du dich oft im Hamsterrad drehst und trotz aller Bemühungen bislang nicht herauskommst.

Ich lade dich ein, dich wieder mit dir zu verbinden, auf deine innere Stimme zu hören, ihr zu vertrauen und ihr zu folgen. Höre also auf zu kämpfen, in erster Linie gegen dich selbst. Nimm dich an und schließe Frieden mit dir, denn du hast die Wahl. Ich nehme dich gerne an die Hand.

Alles Liebe

Rosa Maria Roller

## Prägungen aus der Kindheit

Alles beginnt in deinem Kopf.

Das Einzige, was zwischen dir und deinem Glück steht, ist der Glaube über dich selbst!

Ich bin überzeugt, dass die größte Macht, die uns zur Verfügung steht, unser Geist ist. Dass wir alles, was sich in unserem Leben zeigt, selbst erschaffen haben. Durch unsere Gedanken, Haltungen und innersten Überzeugungen. Dass das, was du über dich selbst glaubst, darüber entscheidet, ob du glücklich oder unglücklich bist, ob dir die Dinge gelingen oder nicht, ob du ein Leben in Freude, Gesundheit und Fülle lebst, oder in Unzufriedenheit und Mangel. Das, was du über dich selbst glaubst, häufig auch „Glaubenssätze" genannt, hat seine Wurzeln in der Kindheit.

Das Leben lädt uns permanent dazu ein, glücklich und freudvoll zu sein. Manchmal weist es uns durch Herausforderungen, Krankheiten oder Schicksalsschläge darauf hin, dass etwas aus dem Ruder gelaufen ist, dass wir nicht im Einklang mit dem leben, wofür wir hier, auf dieser Erde sind. Dass wir etwas in uns unterdrücken, das gelebt werden will. Oftmals sehen oder hören wir allerdings diesen Ruf nicht. Wir wollen, dass unser Zustand oder die Umstände sich schnellstmöglich wieder zum Besseren wenden, kämpfen sogar dagegen an oder strengen uns noch mehr an, um alle Herausforderungen zu meistern. Wir schlucken Pillen und erkennen dabei die Botschaft nicht, die uns unser Körper oder das Leben vermitteln wollen.

Auch ich habe lange Jahre nicht hingeschaut, war unglücklich und unzufrieden in meinem Leben und hatte mit körperlichen Beschwerden, Allergien, Nierenproblemen und Verdauungsproblemen zu kämpfen. Diese unschöne Situation hielt so lange an, bis ich durch eine schwere Lebenskrise wieder Zugang zu mir selbst fand, meine einschränkenden Glaubenssätze hinter mir ließ und meinem eigenen Weg folgte. Und du kannst das auch.

Größte Herausforderungen und Schicksalsschläge legten sich damals wie Steine auf meinen Weg. Ich habe mit der Zeit gelernt, nicht darüber zu stolpern, sondern sie aufzuheben, anzunehmen und weiterzugehen. Manche waren schwerer, manche leichter, doch alle waren wichtig in meinem Leben, denn sie trugen dazu bei, immer mehr zu entdecken, wer ich wirklich bin. Sie machten mich wach und ließen mich erkennen, dass ich gar nicht diejenige bin, die ich lange Zeit geglaubt hatte, zu sein.

Sich von alten Denkmustern zu befreien, und dem eigenen Weg zu folgen, geht eine innere Entscheidung voraus: Die Entscheidung Verantwortung zu übernehmen. Niemand anderer als du selbst ist verantwortlich für deinen Zustand und für dein Leben. Mit dieser Tatsache in Anerkennung zu sein, macht friedlich und glücklich. Dein Glück hängt nicht von den äußeren Umständen ab, sondern davon, wie du mit ihnen umgehst und sie nutzt.

Ich weiß natürlich nicht, womit du momentan in deinem Leben konfrontiert bist. Vielleicht bist du unglücklich in deinem Job, in deiner Partnerschaft, überfordert mit den täglichen Aufgaben, oder dein Leben ist insgesamt nicht das, was du dir irgendwann einmal erträumt hattest. Du hattest dir alles irgendwie anders vorgestellt. Du wolltest einen Traumjob, in dem du wertgeschätzt wirst und gutes Geld verdienst, eine liebevolle, erfüllte Partnerschaft und ein schönes Zuhause.

Wir alle haben unsere Träume, die sich scheinbar irgendwann in Luft aufgelöst haben. Oftmals erinnern wir uns gar nicht mehr an sie. Wir sind so in unserer täglichen Routine „gefangen“ und funktionieren in unserem

Pflichtgefühl, es den anderen recht machen zu müssen bzw. die in uns gesetzten Erwartungen zu erfüllen. Eine zunehmende Unzufriedenheit macht sich breit und wir wissen nicht mal so recht warum. Unsere Unzufriedenheit projizieren wir dann auf unsere nahestehenden Menschen, unser Umfeld, und machen sie für unseren Gefühlszustand verantwortlich. Wir glauben, wenn sich unser Partner oder unsere Partnerin ändern würden, würde es uns besser gehen. Wenn unser Chef uns wertschätzender begegnen würde, wären wir eigentlich glücklich mit dem Job. Wenn die Kinder nicht so anstrengend wären, wären wir nicht so erschöpft – die Liste ist endlos lang.

Du wirst mir vielleicht jetzt widersprechen und sagen: "Das habe ich mir doch nicht so erschaffen, das wollte ich doch so nicht! Wie kann es dann sein, dass alle diese Dinge in meinem Leben sind?" Das glaube ich dir gerne, dass du es so nicht wolltest – zumindest nicht bewusst. Jedoch wird dein Leben größtenteils durch dein Unterbewusstsein gesteuert. Seit deiner Kindheit existieren in deinem Unterbewusstsein Glaubenssätze, die dich geprägt haben und die heute dein Handeln bzw. Nichthandeln steuern. Wenn du dir dieser Glaubenssätze nicht bewusst wirst, dann wunderst du dich über die Dinge, die dir scheinbar grundlos widerfahren.

Hand aufs Herz: Wie oft ertappst du dich, indem du sagst: „Das kann ich nicht“, „Das könnte ich nie“, „Ich habe kein Geld“ „Mir fehlt die Zeit, die Umstände passen nicht“ …

„Ich muss, ich sollte“ …

Das sind alles Glaubenssätze, die du aus deiner Kindheit mitgebracht hast und die dich davon abhalten, das zu tun, was du wirklich tun willst, bzw. die dich handeln lassen, obwohl du eigentlich nicht willst.

Wir alle kommen hier, mit einer natürlichen Neugier und Gestaltungsfreude, auf der Welt an. Wir wollen sie entdecken, erforschen und gehen los, ohne Angst und Gedanken daran, dass etwas schieflaufen könnte. Als Kinder glauben wir noch an uns und unsere unendlichen Fähigkeiten. Zweifel sind uns fern. Wir fallen unzählige Male hin, bevor wir aufrecht stehen und laufen können. Das finden unsere Eltern toll: Sie klatschen in die Hände und freuen sich, wenn wir es endlich geschafft haben, unsere ersten Schritte zu gehen. Dann hüpfen wir durch Pfützen, weil es einfach Spaß macht, malen die Wände bunt an, weil wir unsere neuen Fingerfarben ausprobieren möchten und freuen uns über die bunte Farbenpracht an der weißen Wand. Stolz präsentieren wir unseren Eltern unser Kunstwerk. Doch anstatt, dass sich unsere Eltern mit uns freuen, hören wir: „Oh Gott, was hast du denn da gemacht? Du kannst doch nicht die Wände anmalen!" Wir werden geschimpft oder sogar bestraft. Wir verstehen nicht, dass unseren Eltern nicht gefällt, wenn wir in Pfützen hüpfen, die dazu einladen, oder wie die Wand nach unserer kunstvollen Gestaltung aussieht. Das verunsichert uns, schließlich sind unsere Eltern unsere Vorbilder, unser sicherer Hafen. Das, was sie sagen, ist uns wichtig und als Kinder sind wir auf ihre Zuneigung angewiesen. Irgendwann hören wir auf, unseren natürlichen Impulsen zu folgen.

Laut der Hirnforschung hat jedes Kind zwei Grundbedürfnisse, die für seine Entwicklung und das Heranwachsen wichtig sind. Das eine ist das Bedürfnis nach Zugehörigkeit und Verbundenheit, das andere die Freiheit sich zu entfalten. In dem Moment, indem wir für unsere Gestaltungslust bestraft werden, fühlen wir uns nicht mehr zugehörig und verlieren die Nähe zu unseren geliebten Bezugspersonen. Wir fangen an zu glauben, dass wir nicht richtig sind, nicht gut genug, nicht liebenswert, da wir das Verhalten der nahestehenden Person auf uns beziehen. Da wir das Gefühl der Zugehörigkeit für unser Heranwachsen brauchen, fangen wir also an, so zu sein, wie die Erwachsenen uns haben möchten.

Wir unterdrücken unsere Wünsche und Bedürfnisse und passen uns an. Wir lernen brav zu sein, und uns so zu verhalten, wie die „Großen" es erwarten und das auf Kosten unserer Entdeckerfreude und Gestaltungslust.

Hinzu kommt, dass wir als Kinder durch eine entsprechende Hirnfrequenz, die sich von den Erwachsenen unterscheidet, in einem hypnoseähnlichen Zustand sind und alles ungefiltert übernehmen, was wir von nahen Bezugspersonen vorgelebt bekommen bzw. gehört haben. Diese Verhaltensweisen, Einstellungen und Gewohnheiten von unserem Umfeld und die zugehörigen Sätze, speichern wir als Wahrheit in unserem Unterbewusstsein ab. Wie ein Tonband nehmen wir alles auf, und „spulen" es dann später wieder ab. Wir können noch nicht differenzieren, ob das Gehörte stimmt, bzw. entscheiden, ob wir es glauben wollen, oder lieber nicht.

Hast du als Kind auch öfter Sätze gehört wie: „Das kannst du nicht, da bist du noch zu klein, das hättest du aber besser machen können, du bist unmöglich"? Dann hast du diese Sätze vermutlich in deinem Unterbewusstsein verankert. Sie wurden zu deiner inneren Wahrheit, wirken bis heute und tragen wesentlich dazu bei, was du über dich und das Leben denkst und glaubst.

Ich hatte als kleines Mädchen ziemlich viele Sommersprossen und war dazu etwas pummelig. Meine Eltern sahen darin einen Makel, den es zu beseitigen galt. In ihren Augen waren Sommersprossen hässlich und sie taten alles daran, um sie aus meinem Gesicht zu entfernen. Ich will hier in keiner Weise meine Eltern verurteilen. Sie wollten damals das Beste für mich, so wie alle Eltern. Sie handeln entsprechend ihrem Glauben, ihrer, Meinungen, Vorstellungen und Überzeugungen (die auch sie wiederum von ihren Eltern und Umfeld übernommen haben). Ihr Glaube war, und das haben sie mir auch so gesagt, dass ich später einmal Schwierigkeiten bekommen werde, einen Mann zu bekommen mit einem von Sommersprossen übersäten Gesicht.

Im Sommer sah ich besonders „schrecklich“ aus (das hatte ich schließlich selbst geglaubt), weil die Sonne dazu beitrug, die roten Flecken in meinem Gesicht zu vermehren.

Im Alter von etwa fünf Jahren musste ich mir schließlich Bleichcremes ins Gesicht schmieren. Ich werde die Namen dieser Cremes nie vergessen: „Schwanenweiß“ und „Drulla Bleichwachs“. An „Schwanenweiß“ kann ich mich noch besonders gut erinnern: ein goldener Tiegel mit einem Schwan darauf. Es war aus Sicht meiner

Eltern das goldene Wundermittel, das aus dem hässlichen Entlein einen Schwan machen sollte. Die „rettende“ Creme stand bei meinen Eltern auf einer Kommode im Schlafzimmer, immer bereit, benutzt zu werden. Ich schmierte mir also auf Wunsch meiner Eltern fleißig die eklige, fettige Salbe ins Gesicht. Es war äußerst unangenehm und ich spüre und sehe noch heute, wenn ich daran denke, mein von der Creme fettiges und glänzendes Gesicht. Ich sah aus, als wäre ich in einen Schmalztopf gefallen. Aber meine Eltern sagten mir: „Wer schön sein will, muss leiden.“

Vielleicht kennst auch du diesen Satz? Als das alles nicht geholfen hat, wurde auf natürliche Mittelchen zurückgegriffen. Meine Patentante kannte sich mit Kräutern und Essenzen aus und eine Thuja-Tinktur sollte nun die Sommersprossen zum Verschwinden bringen. Diese Tinktur hatte allerdings den Nebeneffekt, dass sie im Gesicht braune Flecken hinterließ und, anstatt die Sommersprossen zu entfernen, blieben sie hartnäckig an ihrem Platz. Dazu hatte ich jetzt zusätzlich noch braune Flecken im Gesicht. Als ich mich das erste Mal nach einer solchen Tinktur-Behandlung im Spiegel sah, kullerten mir die Tränen nur so die Wangen runter. Ich hatte mich so sehr danach gesehnt, so auszusehen, wie die anderen. Doch jetzt traute ich mich kaum auf die Straße, geschweige denn zur Schule. Doch es half nichts, ich konnte mich nicht zu Hause einschließen und prompt wurde ich von meinen Mitschülern auf mein Aussehen angesprochen. „Wie siehst du denn aus?“ Hast du dich heute nicht gewaschen?“ Ich schämte mich für mein Aussehen und wäre am liebsten im Boden versunken. Tief in mir verstärkte sich immer mehr der Glaube: „Ich bin nicht okay, ich bin hässlich und nicht gut genug“, denn ich entsprach nicht dem Ideal, wie ich laut meinen Eltern und dem Umfeld auszusehen hatte.

Ich fühlte mich immer unsicherer und ließ das Prozedere trotzdem jeden Tag über mich ergehen, in der Hoffnung, dass ein Wunder geschieht und ich von meinem vermeintlichen Makel befreit werde.

Abends, wenn ich im Bett lag, fühlte ich mich am wohlsten, hier war ich sicher. An diesem Ort durfte ich so sein, wie ich war, niemand störte sich daran und ich spürte mehr und mehr die Verbundenheit mit einer Macht, einer Kraft, die meine Traurigkeit und Einsamkeit auffing und mich geborgen einschlafen ließ.

Das Wunder aber, auf das ich hoffte, blieb aus – meine Sommersprossen blieben. Genauso wie die Glaubenssätze, die sich seitdem tief in mein Unterbewusstsein gegraben haben und mich jahrelang prägten, begleiteten und steuerten.

Vor Kurzem erzählte ich auf einem Seminar einer Gesichtsleserin meine Geschichte. Diese Dame hat eine außergewöhnliche Gabe, denn sie kann aus Gesichtern, Charakterzüge, Neigungen und Stärken erkennen. Als sie mir sagte, dass Sommersprossen die Sterne des Universums sind, wurde mir ganz warm ums Herz und meine Augen füllten sich mit Tränen. Was für ein wunderbares Synonym! Ich trage also die Sterne des Universums im Gesicht und nichts daran ist hässlich oder schlecht. Das hätte ich gerne als Kind so gesehen.

Später, mit ca. 14 Jahren überdeckte ich meine Unsicherheit und mein Minderwertigkeitsgefühl mit einer gespielten Coolheit. Ich fing an, mich zu schminken, trug Schuhe mit relativ hohem Absatz und achtete sehr auf mein Gewicht. Ich trug die engsten Jeans, fing an zu rauchen und spürte, dass sich die Jungs in meinem Alter für mich interessierten. Also hatte ich es geschafft – so zumindest dachte ich, denn ich bekam endlich die Aufmerksamkeit, die ich mir immer gewünscht hatte. Letztlich wollte ich es mir und allen beweisen, dass ich auch jemand bin. Ich wollte einfach gesehen werden und dafür tat ich einiges. Wohl fühlte ich mich damit nicht, doch dazu später mehr.

Kennst du aus deiner Kindheit auch eine Geschichte, die du immer noch klar vor Augen hast, wenn du daran zurückdenkst? Etwas, das dir zutiefst peinlich war oder dich verletzt hat? Wie hast du dich dabei gefühlt? Wie hast du dein Umfeld wahrgenommen und was hast du über dich dabei gedacht? Welche Glaubenssätze hast du daraus mitgenommen, die auch heute noch wirken?

## Gedanken erschaffen unser Leben

Unsere Gedanken, und zwar alle – sowohl die bewussten als auch die unbewussten – erschaffen unsere Realität.

Da wirst du dich jetzt vielleicht dagegen wehren, und mir erzählen wollen, dass du auf keinen Fall deine momentane Situation, mit der du unglücklich oder unzufrieden bist, „erschaffen" hast. Du willst nicht wahrhaben, dass du für den Stress, den du täglich hast, die Schulden oder den Ärger selbst verantwortlich bist. Doch das bist du! Die Situation ist das Ergebnis deiner, zugegebenermaßen meist unbewussten, Gedanken und Gefühle.

Laut der Quantenphysik ist alles Physische im Leben keineswegs feste Materie, sondern Energie – auch wir. Unser physischer Körper besteht aus Energie und Informationsmustern und ist (vereinfacht ausgedrückt) mit einem Energiefeld, dem sogenannten Quantenfeld verbunden, indem alles Physische als Möglichkeit, als Potenzial existiert. Da wir elektromagnetische Wesen sind und unsere Gedanken Energie mit Information sind, die über unser neuronales Netzwerk den Körper verlassen, hat jeder Gedanke eine Wirkung. Der Gedanke, den du denkst, ist das Signal und das Gefühl, das mit dem Gedanken einhergeht, wirkt wie ein Magnet. Diese Frequenz, die dabei entsteht, zieht das in dein Leben (Dinge, Situationen, Ereignisse), womit sie in diesem Quantenfeld in Resonanz geht. Vielleicht hast du den Begriff „Resonanzgesetz“ schon einmal gehört? Das ist damit gemeint.

Die neue Wissenschaft spricht davon, dass ungefähr sechzig Prozent unseres Unterbewusstseins programmiert sind mit Glaubenssätzen, Verhaltensweisen und Gewohnheiten, die uns nicht unterstützen, sondern sabotieren. Diese Muster, die wir übernommen haben,

haben die Macht, ein Leben zu kreieren, das letztendlich nicht dem entspricht, was wir leben möchten und das stimmig für uns ist.

Somit liegt es auf der Hand, dass du, wenn du ein glücklicheres Leben erschaffen willst, dich deinem Unterbewusstsein stellen musst, und die ganzen einschränkenden Glaubenssätze, Haltungen und Gewohnheiten lösen bzw. ändern musst. Ansonsten wirst du es weiterhin schwer haben, du wirst dich weiterhin bemühen, jedoch immer wieder auf der Stelle treten und dir dieselben unzufriedenen Umstände erschaffen.

Andere Glaubenssätze und Haltungen, ermöglichen es dir, neue Situationen und Ereignisse – aufgrund des Resonanzgesetzes – in dein Leben zu ziehen. Du kennst wahrscheinlich die Sprichwörter: „Gleiches zieht Gleiches an“, oder „Wie du in den Wald hineinrufst, kommt es zurück.“

Pro Tag denken wir ungefähr sechzig- bis siebzigtausend Gedanken. Davon sind – laut den Forschungen der neuen Wissenschaft – fünfundneunzig Prozent unbewusst und nur fünf Prozent bewusst. Lediglich fünf Prozent deiner Gedanken kannst du also mit deinem Willen steuern! Das macht deutlich, weshalb wir uns oft so schwertun, etwas in unserem Leben zu verändern, denn zu 95 Prozent lebst du dein Leben auf Autopilot. Das bedeutet, dass deine unbewussten Programme das Steuer übernommen haben.

Wie oft hast du dir schon vorgenommen, dich gesünder zu ernähren, mehr Sport zu treiben, dir mehr Zeit für dich zu nehmen und dich mehr um dich selbst zu kümmern? Wahrscheinlich schon häufig, so wie die meisten Menschen. Doch hast du es wirklich dauerhaft geschafft? Falls ja, dann gratuliere ich dir! Wahrscheinlicher ist es jedoch, dass du relativ schnell wieder in deine alten Gewohnheiten zurückgefallen bist.

Weshalb ist das so? Weil die alten Gewohnheiten wenig Energie in deinem Gehirn verbrauchen. Sie sind in deinem Unterbewusstsein verankert und laufen ab, ohne dass du groß darüber nachdenken musst.

Alles Erlernte wird als Programm im Unterbewusstsein gespeichert. Das ist grundsätzlich nichts Schlechtes. Als Kind hast du Laufen gelernt. Stell dir vor, du müsstest dir jeden Morgen überlegen, wie Laufen geht. Du läufst einfach – weil Laufen in deinem Unterbewusstsein als Programm abgespeichert ist. Das ist doch großartig. Jedoch sind eben Gewohnheiten oder Glaubenssätze als

Programm gespeichert, die nicht förderlich für dich und dein Leben sind und – wie bereits erwähnt – nicht zu dir gehören, sondern die du irgendwann einmal übernommen hast. Die zu ändern, kostet dein Gehirn schon etwas Energie. Dein Gehirn will jedoch Energie sparen und greift lieber auf Dinge zurück, die wenig Energie verbrauchen. Es möchte, dass du – wie jeden Abend – mit Netflix und Chips auf der Couch liegst.

Willst du nun etwas verändern, kostet das erst mal ziemlich viel Energie und erfordert eine erhöhte Willenskraft. Umgangssprachlich gesagt: Du musst den inneren Schweinehund überwinden. Dein Gehirn wird dir allerdings Sätze einreden wie: „Fang doch erst morgen damit an, heute war doch ein anstrengender Tag, da brauchst du doch nicht auch noch Sport zu machen, außerdem ist es zu kalt und es regnet ...“ Triffst du in diesem Moment nicht die Entscheidung, trotzdem herauszugehen, um Sport zu machen und signalisierst deinem Gehirn dadurch, dass es dir doch nicht so wichtig ist, fällst du noch mehr in alte Gewohnheiten zurück – in diesem Beispiel, auf der Couch zu liegen und Netflix schauen. Am nächsten Tag ärgerst du dich darüber, dass du deinen inneren Schweinehund nicht überwunden hast, und der Kreislauf beginnt von Neuem: Deine Emotion „Ärger“ hat eine bestimmte Frequenz, die du aussendest und dadurch lädst du dir in diesem Moment – aufgrund des Resonanzgesetzes – Situationen in dein Leben ein, die genau dieser Emotion entsprechen. Die willst du natürlich nicht haben, ärgerst dich wieder darüber, bist frustriert, und sendest in dem Moment wieder dieselbe Energie aus. So erschaffst du dir unbewusst dieselben Erfahrungen in der Zukunft, die du doch eigentlich vermeiden möchtest! Du bist in einem Gedanken-Gefühls-Konstrukt gefangen. Dein Leben wird immer anstrengender, deine Energie lässt nach und die Tage, an denen du wirklich Freude hast und glücklich bist, werden immer weniger und du weißt gar nicht so recht warum …

Redest du dir jetzt auch noch Sätze ein, wie: „Ich kann machen, was ich will, ich bekomme es einfach nicht hin" oder „Ständig passiert mir immer dasselbe, das Leben ist anstrengend, nicht einfach, es ist ein ewiger Kampf …", dann bestätigst du in diesem Moment deine Glaubenssätze, die in dir existieren, und verankerst sie damit noch mehr.

Um dem ganzen Dilemma zu entkommen und unseren Schmerz über unser Misslingen nicht spüren zu müssen, lenken wir uns ab: Wir essen zu viel, trinken zu viel Alkohol, arbeiten noch mehr, oder wir sitzen am Fernseher, surfen im Internet und buchen Reisen – alles Methoden, um unserem Gehirn Befriedigung und Zufriedenheit vorzugaukeln. Kurzfristig mag das funktionieren, langfristig macht sich aber bei dieser Vorgehensweise immer mehr ein Gefühl der Leere, inneren Unruhe und Unzufriedenheit bemerkbar. Wir spüren, dass wir nicht wirklich glücklich sind. Anstatt jedoch innezuhalten und uns anzuschauen, was hinter dem Gefühl steckt, ignorieren wir es größtenteils und leben so weiter wie bisher. Wir reden uns ein, dass wir gar keinen Grund haben, unzufrieden bzw. unglücklich zu sein. Oftmals vergleichen wir uns noch mit anderen, die auch nicht jammern und klagen und denen es von außen betrachtet wesentlich schlechter geht. Dem Nachbarn, der vielleicht seinen Arbeitsplatz verloren hat, oder der Bekannten einer Freundin, die ihren Mann verloren hat ...

Vielleicht ist im Vergleich zu anderen Personen dein Problem zwar kleiner, dennoch ist es da. Ein Vergleich lenkt dich noch mehr davon ab, denn es wird dadurch nicht gelöst, sondern kleingeredet und weiterhin unter den Teppich gekehrt. Doch Gefühle wollen wahrgenommen werden. Sie drücken aus, was in dir vorgeht. Sie sind ein Hinweis, ob du auf dem richtigen Weg bist, oder ob du vielleicht einmal hinschauen solltest. Innehalten und wahrnehmen: was denkst du über dich, das Leben?

Wie viel Freude hast du? Macht dir deine Arbeit Spaß und erfüllt sie dich? Tauchen immer mal wieder Gedanken auf, die dich in eine andere Richtung lenken wollen? Würdest du gerne etwas anderes machen und traust dich nicht? Oder redest du dir ein, dass das nicht geht, dass du nicht der Typ dazu bist, dass du nicht einfach alles hinschmeißen kannst? Willkommen im Club.

Ich hatte mich in meinem Leben damit abgelenkt, dass ich bulimisch wurde. Meine „Coolness“ war nur aufgesetzt, ich lebte mich nicht, sondern versuchte, so zu sein, wie mein Umfeld mich haben wollte. Mit achtzehn Jahren verliebte ich mich in meinen damaligen Mann, eineinhalb Jahre später haben wir geheiratet. Zwei Jahre später kam das erste Kind auf die Welt und mit fünfundzwanzig war ich zweifache Mutter. Zum einen war ich stolz, auf der anderen Seite fühlte ich mich überfordert und war unglücklich. Ich wusste nicht wirklich, warum: Ich hatte doch alles, einen liebevollen Mann, ein schönes Zuhause, zwei Kinder. Eigentlich sollte ich doch glücklich sein. Ich begann, mich immer mehr infrage zu stellen, etwas stimmte doch nicht mit mir, was wollte ich denn noch mehr? Warum konnte ich nicht zufrieden sein? Meine Selbstzweifel und Selbstentwertung nahmen zu. Das ging schließlich so weit, dass ich mir das „süße Leben“ dass ich mir erträumte, durch Süßigkeiten holte. Am Abend, wenn die Kinder im Bett waren und mein Mann bei der Arbeit, stopfte ich so viele Süßigkeiten in mich hinein, die ich im Haus finden konnte. Jedoch nicht einmal das hatte ich aus meiner Sicht verdient und das Wohlgefühl, das ich kurzfristig durch die Süßigkeiten hatte, durfte nicht in meinem Körper bleiben. Ich steckte mir den Finger in den Hals und erbrach alles wieder. Danach fühlte ich mich noch schlechter.

Schuldgefühle, Scham und Unverständnis mir selbst gegenüber dominierten mein Gefühlsleben und ließen mich immer unglücklicher werden.  Von außen bekam niemand mit, was tief im Inneren in mir vorging. Ich beherrschte die „Kunst", meiner Familie, meinem Umfeld, und vor allem mir selbst etwas vorzumachen. Doch innerlich war ich verzweifelt. Um mein Problem loszuwerden, las ich alle möglichen Bücher, die es zum Thema Bulimie gab. Die Erklärungen und Beschreibungen von Menschen, die das gleiche Problem hatten, die Wege, die sie gegangen waren und wie sie aus dem Teufelskreis der Ess-Brechsucht herausgefunden hatten – alles konnte ich nachvollziehen – jedoch die Bulimie blieb. Mein Verhalten war der Ausdruck meiner tiefsten Selbstverachtung.

Ich war in einem Teufelskreis gefangen.

Ich wurde immer unzufriedener mit mir, distanzierte mich gefühlsmäßig immer mehr von meinem Mann und funktionierte letztendlich nur noch. Aus heutiger Sicht weiß ich, dass meine permanente Selbstentwertung aus meinen Glaubenssätzen resultierte – ich konnte damals gar nicht glücklich sein, nichts im Außen konnte mich glücklich machen. Denn tief im Inneren glaubte ich, es nicht wert oder nicht gut genug zu sein.

In meiner Verzweiflung betete ich zu der Kraft, die ich auch in diesen Zeiten latent spürte, sie möge mir doch helfen, und das tat sie auch – auf ihre Art und Weise.

## Sag dir die Wahrheit!

Solange du dir etwas vormachst, solange du weiterhin unbewusst lebst, trennst du dich immer mehr von dir und deinem Herzen. Solange du die Macht dem Programm in deinem Kopf überlässt, lebst du nicht dein Leben, sondern die Vorstellung davon, die du irgendwann einmal übernommen hast. Wache auf und schau der Wahrheit ins Gesicht! Wenn du dich nicht dafür entscheidest, das zu tun und dich weiterhin ablenkst oder die Augen verschließt, wird das Schicksal oder das Leben dir Gelegenheiten bieten, dich mit dir und deinem

Leben auseinanderzusetzen, früher oder später. Es könnte sein, dass du durch Herausforderungen, Schicksalsschlägen oder Krankheiten nahezu dazu „gezwungen" wirst.

Die Bulimie war nicht das Einzige, womit sich meine tiefe Selbstverachtung ausdrückte. Mein Körper reagierte, indem ich nach der Geburt meiner Tochter keine Menstruation mehr hatte – fünf Jahre lang. Ich hatte mich als Mensch, als Frau abgelehnt und gleichzeitig meinen Körper, und demzufolge all das, was mit Frausein verbunden ist, also meine Menstruation. Die Gynäkologen bescheinigten mir, dass körperlich und hormonell alles in Ordnung war, und hatten keine wirkliche Erklärung. Innerlich hatte ich die längst selbst, jedoch wäre mir eine medizinische Diagnose lieber gewesen, um die Wahrheit weiterhin zu verbergen.

Mein Weg führte mich schließlich zu einer Heilpraktikerin, die mir diesbezüglich jedoch auch nicht weiterhelfen konnte, in mir aber den Impuls auslöste, eine Ausbildung in Fußreflexzonenmassage zu absolvieren. Die Ausbildung umfasste mehrere Wochenenden und fand in Frankfurt am Main statt. Beim ersten Ausbildungswochenende schilderte ich mein Problem und fragte nach den Zonen, die ich massieren kann, damit der Körper wieder in sein Gleichgewicht findet. Ich weiß nicht, ob die Massagen oder die inneren Prozesse, die an den Ausbildungswochenenden in Gang gesetzt wurden, letztendlich dazu beitrugen, dass meine Blutung vierzehn Tage später einsetzte. Ich war völlig aus dem Häuschen und konnte es kaum glauben. Drei Nächte lag ich gefühlt schlaflos im Bett, so aufgewühlt, erstaunt und auch fasziniert war ich. Fünf Jahre lang nichts – keine Blutung - und nur ein Wochenende, an dem Körper, Geist und Seele Unterstützung erhielten, tiefe verborgene Gefühle auftauchten und Raum bekamen und dadurch unterdrückter Schmerz fließen konnte, brachte das ganze wieder in Fluss. Das war auch für meinen Gynäkologen unfassbar. Und, du wirst es nicht glauben, beim nächsten Zyklus war ich schwanger! Ich war außer mir vor Freude. Im Nachhinein bin ich mir nicht mehr sicher, ob es ausschließlich die Freude auf das dritte Kind war, oder ob ein Teil in mir wusste, dass sich durch dieses Kind etwas in meinem Leben gravierend ändern würde.

Im siebten Monat meiner Schwangerschaft machte der Gynäkologe zum ersten Mal die computertomografische Untersuchung. Während der Untersuchung wurde er plötzlich ziemlich nervös, da die Herzfrequenz des Kindes viel zu niedrig war. Normalerweise liegt die

Herzfrequenz bei einem Fötus zwischen 130 – 160 Schlägen pro Minute. Das CTG zeigte lediglich eine Frequenz von 60 Schlägen auf. Der sofort durchgeführte Ultraschall bestätigte seine Befürchtungen, dass mit dem Kind etwas nicht in Ordnung war. Er schickte mich sofort in die Uniklinik nach Tübingen. Dort wurde ich lange und gründlich untersucht. Nachdem alle Untersuchungen abgeschlossen waren, erhielten mein Mann, und ich die Diagnose, dass unser Kind mit einem schweren komplexen Herzfehler auf die Welt kommen würde. Ich war schockiert und brach in Tränen aus. Das konnte doch nicht sein, ich hatte mich so auf das Kind gefreut. Unsere Tochter, die mich begleitet hatte, weil ich nach dem Termin beim Gynäkologen mit ihr ins Schwimmbad wollte, konnte mit ihren sechs Jahren nicht verstehen, was los war und war vollkommen verstört. Unser Sohn wartete zu Hause und ich machte mir Sorgen, wie er auf die Nachricht reagieren würde. In meinem Kopf kreisten alle möglichen Gedanken. Ängste, Sorgen um das ungeborene Kind und meine anderen beiden Kinder. Ich überlegte tagein, tagaus, wie wir das alles schaffen sollten. Diese Fragen, auf die ich keine Antworten fand, begleiteten mich die nächsten Wochen und raubten mir den Schlaf.

Auch auf die Fragen bezüglich der gesundheitlichen Prognose, zum Geburtsablauf sowie operativer Maßnahmen erhielten wir keine konkreten Antworten seitens der Ärzte. Sie schlugen uns zwar vor, noch eine Fruchtwasseruntersuchung machen zu lassen, um zu sehen, ob noch eine geistige Behinderung vorliegt, doch das lehnten wir ab. Wir waren sicher, dass wir das Kind annehmen und lieben würden, mit allem, was es mitbringt.

Nach dem ersten Schock und etwas Zeit konnte ich wieder klare Gedanken fassen, dass es wohl einen Grund dafür geben muss, warum dieses Kind in unsere Familie kommen will. Mit einem Mal spürte ich sie wieder deutlich, meine Verbindung. Alles hat einen Sinn, und wenn uns ein Kind mit einer körperlichen Behinderung geschenkt wird, dann betrachte ich das als Privileg. Meine Gedanken waren niemals „warum ausgerechnet wir", sondern im Gegenteil, „ich bin froh, dass das Kind zu uns kommt, ich kann damit umgehen."

Christoph kam also im September 1994 spontan und komplikationslos in unserer Familie an. Entgegen aller Prognosen der Ärzte, schaffte er es ohne Kaiserschnitt auf diese Welt zu kommen. Wir waren überglücklich und erleichtert, dass alles so gut verlaufen war. Ich schloss die Augen und saugte jeden Moment ein, als ich seinen kleinen Körper auf meinem Bauch noch spüren durfte, bevor er schon in die Kinderkardiologie verlegt wurde. Nach sechs herausfordernden Wochen mit viel Sorgen, Hoffen, Arztgesprächen, Untersuchungen und wenig Schlaf durften wir ihn endlich mit nach Hause nehmen.

Doch der Alltag gestaltete sich nicht gerade einfach. Christoph brauchte viel Zuwendung, litt permanent unter Sauerstoffmangel und die beiden großen Geschwister waren natürlich auch noch da, mit ihren Bedürfnissen und Sorgen um ihren kleinen Bruder. Erneut funktionierte ich wieder, versuchte allen gerecht zu werden. In meiner Überforderung nahm ich mich kaum mehr wahr und wurde immer unzufriedener und unglücklicher. Die Beziehung zu meinem Mann, die schon vorher nicht mehr rosig gewesen war, hatte sich durch das Kind nicht verbessert – manche Paare schweißt bekanntlich solch eine Situation zusammen – bei uns war es leider nicht so. Im Gegenteil: Meine Gefühle galten nur noch meinen Kindern. Abends wenn ich im Bett lag, fühlte ich die Einsamkeit wieder, die ich aus meiner Kindheit kannte, und gleichzeitig wusste und spürte ich aber, ich bin nicht allein.

Eines Morgens, die Sonne schien bereits durchs Fenster, wachte ich davon auf, dass ein Sonnenstrahl meine Wange berührte. Irgendwie hatte ich das Gefühl, dass der Sonnenstrahl nicht nur meine Wange berührte, sondern tiefer wirkte. Wärme erfüllte meinen ganzen Körper und mir war, als ob die Sonne etwas in mir wieder zum Leuchten erweckte. Ich wusste mit einem Male, dass mein Leben eine Lüge war und ich nicht mehr bereit war, diese Lüge zu leben. Ich war völlig klar in meinem Kopf – die Wahrheit hatte sich offenbart. Eine Träne lief mir über das Gesicht und ich wusste, ich werde mich von meinem Mann trennen. Ich wollte mich nicht mehr belügen, ich wollte ihn nicht mehr belügen, und unsere Kinder auch nicht. Ein Weg lag vor mir, der nicht einfach sein würde, das wusste ich, jedoch wusste ich genauso, dass ich keine Wahl hatte. Ich wollte glücklich sein und meinen Kindern eine liebevolle, ausgeglichene und kraftvolle Mutter. Das konnte ich nur, indem ich diesen Schritt ging und meinem Herzen folgte.

Mit der Trennung verschwand meine Bulimie und tauchte nie mehr auf. In dem Moment, indem ich mir erlaubte, meine wahren Gefühle zuzulassen, mir die Wahrheit sagte und die Entscheidung traf, aus meiner Rolle, die ich eingenommen hatte, auszusteigen, „brauchte“ ich mein bulimisches Verhalten nicht mehr.

Daher meine Bitte an dich: Überlasse die Entscheidung darüber, wie du lebst, nicht dem Schicksal oder äußeren Umständen. Fange an, dir die Wahrheit zu sagen, horche in dich hinein und nimm dich aufrichtig wahr. Vertraue deiner inneren Stimme und folge ihr. Dein Leben wartet auf dich! Jetzt!

## Achtsamkeit und Präsenz

Um deine negativen Gedanken und Glaubenssätze zu ändern, musst du lernen, sie wahrzunehmen. Das erfordert eine erhöhte Achtsamkeit, eine Präsenz im Hier und Jetzt, denn nur das hast du zur Verfügung. Die Vergangenheit ist vorbei, die Zukunft noch nicht da. Wenn du dich jetzt darüber ärgerst, was dir gestern nicht gelungen oder passiert ist, oder, was wohl morgen ist, dann bist du gedanklich in der Vergangenheit oder in der Zukunft. Doch beides existiert nicht. Die Situation, über die du dich heute ärgerst, ändert sich nicht mehr, also kannst du es auch lassen. Auch die Zukunft kann ganz anders aussehen, als du es dir vorstellst und es ist unnötig, sich schon heute darüber Sorgen zu machen.

Der Glaubenssatz, der in diesem Moment wirkt. Lautet: „Über die Zukunft muss man sich Sorgen machen." Er ist tief verwurzelt in deinem Unterbewusstsein und kommt im Moment der Sorge zum Ausdruck. Nimm deine Emotion wahr, achte darauf, was du denkst und prüfe gedanklich, ob es momentan wirklich einen Grund gibt, verärgert zu sein oder sich Sorgen zu machen. Dann entscheide, ob du diesen Gedanken und diese Emotion aufrechterhalten willst. Vermutlich gibt es weder einen Anlass zur Sorge noch zur Verärgerung. Ich nehme an, du bist in diesem Moment nicht in deinem Leben bedroht. Du hast Kleidung, etwas zu essen, ein Dach über dem Kopf. Du bist privilegiert. Du hast mehr als der Großteil der Erdbevölkerung. Also entspanne dich. Nimm das Steuer deines Lebens, deines Moments wieder in die Hand. Sei wach und aufmerksam, sonst wird dich dein Unterbewusstsein weiterhin dahin bringen, wo du nicht hinwillst.

Wie oft bist du schon Auto gefahren, bist angekommen und hast nicht mitbekommen, wie du ans Ziel gelangt bist? Deine Gedanken waren abwesend. Beinahe erschrocken steigst du aus und wunderst dich, dass dir nichts passiert ist.

Du hast während der Autofahrt deinem autonomen Nervensystem das Steuer überlassen. Du kanntest die Strecke, bist sie schon oft gefahren, musstest dich also nicht mehr konzentrieren. Das hat sich in deinem Gehirn abgespeichert. Dein Gehirn greift auf diese Erfahrung zurück und du brauchtest dich nicht mehr aktiv darum zu kümmern. Das geht natürlich nicht, wenn du eine neue Strecke nimmst. Dafür bedarf es einer erhöhten Aufmerksamkeit, um dich wohlbehalten dahin zu bringen, wo du hinwillst.

Um ein Programm in deinem Gehirn zu installieren, braucht es Wiederholungen. Wenn du an deine erste Fahrstunde zurückdenkst, erinnerst du dich wahrscheinlich noch daran, wie kompliziert es war, die Kupplung zu drücken, den Gang einzulegen und dann noch das Gaspedal zu drücken. Ich habe damals geschwitzt, war aufgeregt, mein Herz hat geklopft und dann habe ich den Wagen doch noch abgemurkst. Peinlich! Nebenan saß der Fahrlehrer, der geduldig noch mal den Ablauf vorgemacht und mir alles erklärt hat. Beim dritten oder vierten Mal hat es dann endlich geklappt – das Auto fuhr tatsächlich los.

Ab diesem Zeitpunkt musste ich nicht mehr nur darauf aufpassen, mit der Kupplung, dem Gas und dem Lenken alles richtigzumachen, sondern auch noch auf die Schilder und den Verkehr achten. Heute setze ich mich, genauso wie du wahrscheinlich auch, einfach ins Auto und fahre los.

Die Synapsen in deinem Gehirn haben sich zu einer Erfahrung verknüpft, auf die dein Gehirn sofort zurückgreift, sobald du dich ins Auto setzt. Das installierte Programm übernimmt. Automatisch.

Genauso läuft dein Leben ab.

Dein Autopilot ist ständig eingeschaltet und führt dich anhand der Verhaltensweisen, die du einprogrammiert hast. Du denkst die gleichen Gedanken, du machst dieselben Dinge, verhältst dich immer gleich. Jeden Morgen derselbe Ablauf. Du wachst auf, ärgerst dich vielleicht, dass schon wieder Montag ist, gehst ins Bad, machst dir Kaffee und fährst zur Arbeit. Die Kinder müssen davor noch zur Kita oder in die Schule gebracht werden. Alles läuft, jedoch ist dein Leben ziemlich monoton. Die Höhepunkte sind Ausflüge oder Treffen mit Freunden am Wochenende oder der nächste Urlaub.

Gleiche Gedanken, gleiche Gefühle, gleiche Handlungen, gleiches Umfeld – was wiederum zu gleichen Gedanken, gleichen Gefühlen, gleichen Handlungen, gleichem Umfeld führt. Dein Leben dreht sich im Kreis. Sei ehrlich: Ist das bei dir auch so? Möchtest du daran etwas ändern? Dafür brauchst du zuallererst eine Entscheidung.

Willst du dein Leben in eine andere Richtung lenken, musst du ein anderes Ziel in dein Navigationssystem eingeben und dann helfen dir verschiedene Vorgehensweisen, um dieses Ziel zu erreichen und dein Leben zu ändern.

Mit Achtsamkeitsübungen erhöhst du unter anderem deine Wahrnehmung. Du bekommst immer öfter mit, was du denkst und was du fühlst und kannst in dem Moment eine Änderung deiner Gewohnheiten in die Wege leiten. Nur was dir bewusst ist/wird, kannst du ändern.

Hier eine kleine Achtsamkeitsübung:

Stelle dich hin, Füße fest auf dem Boden. Atme tief in deinen Bauch. Nimm wahr, wie sich der Boden unter deinen Füßen anfühlt. Wie sich die Bauchdecke beim Einatmen hebt und senkt. Spüre deinen Rücken, deine Schultern und auch deine restlichen Körperteile, je nachdem, wie viel Zeit du hast. Solltest du bemerken, dass deine Gedanken wieder in deinem Kopf kreisen, nimm sie wahr und richte deine Aufmerksamkeit wieder auf deinen Atem oder ein Körperteil. In nur wenigen Minuten bist du durch solch eine einfache Übung raus aus deinem Kopf und dem Autopiloten. Du fühlst dich ruhiger, entspannter, freier. Dein Programm ist jetzt unterbrochen.

Wenn du magst, kannst du die Übung noch erweitern, wenn du zum Beispiel spürst, dass du heute nicht so gut gelaunt bist, du dir Sorgen machst oder mit Problemen beschäftigt bist.

Lasse gedanklich eine Situation in dir auftauchen, in der du glücklich warst, die dir Freude bereitet hat und in der du so richtig und rundum zufrieden warst in deinem Leben. Dein Gehirn kann nämlich nicht unterscheiden, ob du dich momentan in dieser Situation befindest, oder ob sie sich nur in deiner Vorstellung abspielt. Die Gehirnaktivität ist tatsächlich dieselbe! In diesem Moment werden Botenstoffe ausgeschüttet, die in deinem Körper Glücksgefühle auslösen. Du entspannst dich, ein Lächeln zaubert sich auf dein Gesicht und du spürst die Freude in dir. Und das, obwohl das alles nur in Gedanken passiert und es dafür gar keinen wirklichen Grund gibt. Das Bild in deinem Kopf – eine Situation, die längst vorbei ist – bringt dich in einen anderen Gefühlszustand.

Noch effektiver ist die Vorfreude auf ein bestimmtes Ereignis. Du kennst das sicher, du freust dich auf einen Urlaub, zählst die Tage bis dahin, bist in guter Stimmung und Vorfreude, nichts kann dich wirklich ärgern. Bald bist du an einem schönen Ort, genießt die warmen Sonnenstrahlen auf deiner Haut und hörst das Rauschen des Meeres. Dieses Bild in deinem Kopf verändert von einem Moment zum anderen deinen Gefühlszustand. Du bist glücklich und das, faktisch gesehen, durch einen chemischen Vorgang – die Neurotransmitter, die dein Gehirn in deinen Körper ausschüttet.

Nun wirst du vielleicht denken, dass du nicht nur in schönen Erinnerungen schwelgen, oder in der Vorfreude auf ein künftiges Ereignis verweilen kannst. „Ich habe doch eine Menge Arbeit heute, die ich bewältigen muss“, ist wahrscheinlich das, was dir eher in den Kopf schießt. Mit diesen Gedanken will dich dein Gehirn davon abhalten, etwas Neues zu kreieren, weil es Energie sparen will. Es wählt immer den Weg des kleinsten Widerstandes. Es hat sich schon so an deine tägliche Routine und deinen emotionalen Zustand gewöhnt, dass es dir durch diese Sätze einreden will, doch lieber alles beim Alten zu lassen.

Achtsam dafür zu sein, was dein Geist denkt, verhindert, dass negative Gedanken an deinem Bewusstsein vorbeischlüpfen. Das erfordert zu Anfang etwas Übung. Du kannst dir etwa kleine Zeitfenster in deinen Tagesablauf einbauen. Fange morgens, wenn du aufwachst, damit an. Nimm dich wahr. Wie fühlst du dich? Wie hast du geschlafen? Wie denkst du über den Tag, der vor dir liegt? Bist du schon gestresst, wenn du daran denkst, was dich erwartet? Dann atme tief in deinen Bauch. Richte deine Aufmerksamkeit auf deinen Atem, deinen Körper. Anschließend frage dich, worauf du dich heute freust. Lasse eine andere Emotion in dir aufsteigen. Irgendetwas wird es immer geben, worauf du dich freuen kannst. Sei es deine Tasse Kaffee, die warme Dusche, das Abendessen mit Freunden am Abend … Du wirst merken, wie du dich sofort besser fühlst. Gehe mit Freude in deinen Tag. Deine Ausrichtung und, wie du über den Tag denkst, trägt wesentlich dazu bei, wie dein Tag wird. Unterbrich die Routine.

Gehe bewusst in den Tag, mit dem Gedanken, dass er dir gelungen ist. Dass du ihn glücklich und erfüllt vollendet hast. Das hört sich vielleicht im ersten Moment seltsam an, aber so holst du dir das Ergebnis, das du haben willst, schon morgens in dein Bewusstsein und schaffst die besten Voraussetzungen für einen erfüllten Tag.

Vielleicht denkst du jetzt, das widerspricht sich doch: Wenn ich an heute Abend denke, bin ich doch nicht im Hier und Jetzt. In gewisser Weise stimmt es, jedoch wählst du bewusst – jetzt – einen anderen Gedanken zu denken, ein anderes Bild entstehen zu lassen, ein anderes Gefühl zu fühlen. Die Betonung liegt auf *bewusst.* Du steigst aus dem Gewohnten aus. Und wenn du aus dem Gewohnten aussteigst, steigst du aus dem Programm aus und kannst bewusst etwas Neues kreieren. Zum Beispiel auch neue Glaubenssätze. Ich lade dich ein, dir immer wieder bewusst zu machen, was dir schon alles gelungen ist in deinem Leben, worauf kannst du stolz sein? Was kannst du richtig gut? Fühle deinen Stolz und die Freude und würdige dich und deine Ergebnisse. So vermittelst du deinem Unterbewusstsein, wie großartig du bist. Dadurch entsteht nach und nach – indem du diese Würdigungsübung in deinen Alltag integrierst, ein neuer Glaubenssatz, der da heißt:

„Ich bin großartig“, oder „Mir gelingen die Dinge“, oder „Ich kann ...“

Neue Glaubenssätze erschaffen neue Ergebnisse in deinem Leben.

Folgender Text aus dem Talmud drückt aus, wie wertvoll und wichtig es ist, achtsam durch das Leben zu gehen:

Achte auf deine Gedanken, denn sie werden deine Worte

Achte auf deine Worte, denn sie werden zu deinen Handlungen

Achte auf deine Handlungen, denn sie werden zu deinen Gewohnheiten

Achte auf deine Gewohnheiten, denn sie werden dein Schicksal.

Achtsamkeitsübungen kannst du in deinem Alltag wunderbar integrieren. Bewusstes gehen zum Beispiel. Nimm beim Gehen deine Füße wahr, den Boden unter deinen Füßen. Gehe mal langsamer, mal schneller, mache größere Schritte oder kleinere, probiere es einfach aus. Beim Atmen kannst du deine Bauchdecke wahrnehmen. Das Heben und Senken beim Ein- und Ausatmen. Richte deine Aufmerksamkeit immer öfter auf genau das, was du in diesem Moment machst. Auch jetzt. Nimm wahr, wie deine Augen über die Zeilen dieses Buches fliegen und wie sich das Buch anfühlt. Beim Duschen nimm den Wasserstrahl auf deinem Kopf wahr, die Seife auf deinem Körper. Beim Essen, schmecke und spüre den Bissen in deinem Mund. Kaue bewusst. Führe das Wasserglas bewusst an deinen Mund, nimm einen Schluck, lass ihn etwas in deinem Mund verweilen, bevor du ihn herunterschluckst. Beim Abwasch beobachte, wie dein Schwamm über den Teller wischt. Nutze alle deine Sinne dafür. Was spürst du, schmeckst du, riechst, hörst und siehst du? All das braucht keinen zusätzlichen Zeitaufwand. Du tust dieselben Dinge wie jeden Tag, jedoch bewusster, mit einer erhöhten Aufmerksamkeit.

Du bist im gegenwärtigen Moment. Deine Gedanken sind für eine kleine Weile still. Dein Geist beruhigt sich. Dein Körper entspannt sich. Wenn dein Geist im

Entspannungszustand ist, erhöht sich deine Kreativität. Dir fallen plötzlich Lösungen für Probleme ein.

Neue Möglichkeiten tauchen auf. Und das, weil du nicht krampfhaft darüber nachdenkst bzw. dich anstrengst.

## Die Macht der Fragen

Die Qualität deines Lebens entspricht der Qualität deiner Fragen!

Wie oft fragst du dich: „Warum passiert mir das immer? Warum gerade ich? Weshalb stoße ich immer wieder auf Ablehnung?

Zum einen sind das Fragen, die meist eher als Floskel ausgesprochen werden und dich im Jammern halten, zum anderen sind sie in die Vergangenheit gerichtet. Das Ereignis ist schon passiert. Jammern hilft nicht. Also Fragen, die nicht wirklich konstruktiv sind und dir nicht helfen, deine Situation zum Besseren zu wenden.

Wenn du dich unglücklich oder unzufrieden fühlst, halte inne und stell dir die folgenden Fragen:

Was lässt mich unglücklich sein?

Was denke ich über mich?

Was denke ich über die Situation, die Menschen, die Ereignisse in meinem Leben?

Und stimmt das wirklich?

Oder ist es Interpretation? Wo kommt dieser Gedanke her? Ist es meiner, gehört er wirklich zu mir? Oder habe ich den Gedanken übernommen? Stärkt mich dieser Gedanke oder schwächt er mich?

Will ich diesen Gedanken weiter denken?

In dem Moment, in dem du dir diese Art von Fragen stellst, unterbrichst du dein Gedankenmuster. Dein Gehirn kommt etwas durcheinander und du kannst bewusst reflektieren. Dadurch wird sich dein Gemütszustand definitiv verändern.

Ich habe mir früher nicht die richtigen Fragen gestellt. Meine Fragen waren destruktiv. Warum kann ich nicht glücklich sein? Was will ich denn noch mehr? Was stimmt denn nicht mit mir? Ich suchte die Schuld immer in mir. Mit mir stimmt etwas nicht, das war mir klar. Diese Frage bestätigte mich in meinen Glaubenssätzen: Ich bin nicht okay, nicht gut genug, bekomme es nicht hin. Das Leben antwortete mir mit weiteren Situationen, die mir genau das bestätigten. Ich war in meinem Gedanken-Gefühls-Konstrukt gefangen.

Dir die richtigen Fragen zu stellen, unterstützt dich dabei, Klarheit zu erlangen und den Nebel deiner Glaubenssätze, der sich wie ein Schleier über dich gelegt hat, nach und nach aufzulösen und dein Licht in dir wieder zum Leuchten bringen.

## Meditation – komm zur Ruhe

Meine erste Begegnung mit der Meditation hatte ich vor ungefähr 25 Jahren. Ich hatte mich für einen Meditationskurs in einem Kloster angemeldet. Das Seminar begann Freitagabend um 18.00 Uhr mit einem gemeinsamen Abendessen. Zu Beginn stellte sich der Kursleiter kurz vor, danach die Kursteilnehmer*innen. Die erste Meditationssitzung fand im Anschluss an das Abendessen statt. Nachdem die Vorstellungsrunde beendet war, sagte der Meditationsleiter: „Das Schweigen beginnt mit dem Abendessen“. Ich schaute meine Sitznachbarin an und frage: „Was für ein Schweigen?“ Sie sah mich fragend an und antwortete: „Das ist doch ein Schweigekurs, hast du das nicht gewusst?“ Oh Schreck! Das hatte ich komplett überlesen. Ich erstarrte förmlich: Fünf Tage nichts reden, kein Handy, keine Zeitung lesen? Wie sollte ich das bloß überstehen?

Doch es half nichts, jetzt war ich hier, jetzt wollte ich es auch durchziehen. Die ersten drei Tage waren ziemlich anstrengend. Der Tagesablauf sah in etwa wie folgt aus: Körperübungen, Frühstück, Meditation, kleiner Vortrag, Mittagspause, Meditation, Kaffeepause, Meditation, Abendessen. Doch trotz des gleichförmigen Ablaufs reichlich Zeit und meinem Wunsch nach ruhiger

Meditation ließen zahlreiche Gedanken meinen Geist nicht zur Ruhe kommen. Eine innere Unruhe machte sich breit, ich konnte nicht gut schlafen und unangenehme Gefühle tauchten auf. Ich fühlte mich einsam, allein. Es war alles anders, als ich mir es vorgestellt hatte. Ich wollte zur Ruhe kommen und Kräfte sammeln, doch das Gegenteil war der Fall. Meine Gedanken kreisten unaufhörlich in meinem Kopf. Ich war nahe dran, aufzugeben und wieder nach Hause zu fahren und ich weiß noch, dass ich dachte: „Das ist nichts für mich." Doch ich gab nicht auf und heute bin ich froh darüber, dass ich damals durchgehalten habe, denn ab dem vierten Tag beruhigte sich mein Geist. Ich tauchte immer tiefer in die Meditationen ein und Ruhe und Frieden machten sich in mir breit, ein Zustand, den ich lange nicht mehr so gespürt hatte. Es war wieder genauso wie dieses Gefühl, das ich als Kind gehabt hatte, als ich in meinem Bett lag oder so, wie in meinen herausforderndsten Zeiten. Ich spürte, die Verbundenheit mit einer Kraft, einer Macht, die mich „wissen" ließ, ich bin nicht allein. Alles ist gut.

Das war für mich eine sehr beeindruckende Erfahrung, diesen Frieden und die Verbundenheit wieder zu spüren, das Gefühl zu haben, eins zu sein mit dem ganzen Universum. Seit meinem Klosteraufenthalt hat die

Meditation mich nie mehr losgelassen. Direkt nach dem Aufenthalt dort war ich sehr konsequent und meditierte täglich. Dann gab es wieder Phasen, in denen es etwas weniger wurde, doch in der Zwischenzeit ist die Meditation zu meinem wichtigsten Tagesritual geworden. Ich bin überzeugt, dass diese wunderbare Methode dazu beigetragen hatte, dass ich meine größten Herausforderungen und Krisen so gut gemeistert habe. Meine Tage als alleinerziehende Mutter mit drei Kindern, dazu ein schwer herzkrankes Kind, waren oft durchdrungen mit Sorgen, Ängsten und dem Gefühl der Überforderung. Durch die Meditation hatte ich einen Anker, an dem ich mich festhalten konnte, einen inneren Ort, der mir Kraft gab, der mich durch meinen Alltag trug.

An Tagen, an denen ich verzweifelt war und nicht weiterwusste, gelang es mir irgendwie, an diese Verbundenheit anzuknüpfen. Ich spürte, dass ich nicht allein bin. Dieses Gefühl brachte mich aus meiner Verzweiflung heraus, gab mir Energie und ließ mich immer mehr vertrauen. Heute ist die Meditation nicht mehr wegzudenken aus meinem Leben. Früh am Morgen, wenn der Tag erwacht, in die Energie der Schöpfung einzutauchen und den Tag mit einer Meditation zu beginnen, ist für mich zu einer wunderbaren und wertvollen Gewohnheit geworden. Morgens ist es noch ruhig, der Kopf noch nicht voller Gedanken. Im Frühjahr von Vogelgezwitscher begrüßt zu werden, das ist für mich die schönste und beste Zeit, um zu meditieren. Dafür stehe ich gerne um fünf Uhr auf. Vielleicht ist für dich der Abend die beste Zeit, bevor du ins Bett gehst, um den Tag abzuschließen und loszulassen, und in einen guten und tiefen Schlaf zu fallen. Probiere es einfach aus.

Wir sind Teil der Schöpfung, leider fühlen wir uns oft getrennt und handeln auch so. Dich durch Meditation wieder zu verbinden, aus dem Kopf auszusteigen, in Stille zu sein, wahrzunehmen, zu beobachten, einfach nur zu sein, ist das größte Geschenk, das du dir machen kannst. In dieser Situation, in der du dich dem gegenwärtigen Moment ganz hingibst – in dem unser Leben ja stattfindet -hast du alles, nichts fehlt, du brauchst nichts – das macht friedlich. Ich lade dich ein, die Meditation in dein Leben zu integrieren und ich wünsche dir, dass du ihre Kraft für dich entdeckst.

Es gibt viele verschiedene Arten von Meditation, aber meistens beinhaltet die Praxis das Fokussieren der Aufmerksamkeit auf einen bestimmten Punkt im Raum, ein Objekt oder den Atem, um den Geist von störenden Gedanken und äußeren Einflüssen zu befreien.

Möchtest du lieber mit einer geführten Meditation beginnen, dann kaufe dir eine Meditations-CD. Davon gibt es genügend auf dem Markt, lasse dich von deiner Intuition führen. Gib anfangs nicht gleich wieder auf, wenn dein Geist zu aufgewühlt ist und sich nicht sofort beruhigt. Meditation braucht etwas Übung, jedoch mit der Zeit wird sie dir immer besser gelingen. Und es wird Tage geben – besonders am Anfang – da wird dir dein Verstand einreden, dass du nicht meditieren kannst, dass meditieren nichts für dich ist, dass du stattdessen die Zeit für wichtigere Dinge nutzen könntest, dass es ohnehin nichts bringt und noch vieles mehr. Ich kann dir nur raten dranzubleiben, den Kommentator in deinem Kopf reden zu lassen, und weiterzumachen. Irgendwann beruhigt er sich, und der Erfolg wird sich einstellen. Du wirst ruhiger, gelassener und achtsamer. Du nimmst die Dinge bewusster wahr, auch deine Gedanken. Es gelingt dir immer besser, aus den Programmen in deinem Kopf auszusteigen.

Bewusster zu leben, lässt dich bewusster entscheiden. Du reagierst immer weniger. Stattdessen fängst du an, zu agieren. Dadurch, dass die Meditation die Verbindung zu deinem wahren Selbst fördert, entsteht eine bessere Beziehung zu deiner Intuition und inneren Weisheit. Du erschaffst und gestaltest dein Leben immer mehr aus dir heraus und lässt die Glaubenssätze, die dich bisher gesteuert haben, hinter dir.

Es gibt genügend Studien, die belegen, dass Meditation viele positive Effekte auf unsere Gesundheit hat. Sie kann als wirksames Mittel zur Stressbewältigung dienen. Wenn es uns gelingt, in stressigen Zeiten gelassen zu bleiben, können wir schneller eine andere Perspektive einnehmen. Schlafstörungen können gelindert und die Schlafqualität verbessert werden. Besserer Schlaf unterstützt die Fähigkeit, resilienter zu sein. Das Immunsystem verbessert sich. Ebenso ermutigt Meditation persönliche Werte, wie zum Beispiel Selbstmitgefühl, in deinen Alltag zu integrieren. Selbstmitgefühl ist die Fähigkeit, sich selbst in Zeiten des Leidens oder Scheiterns, mit Selbstakzeptanz und Freundlichkeit zu behandeln, ohne selbst abwertend zu sein. Also, es lohnt sich!

Mehrmals im Jahr lade ich zu einem Meditationstag ein. Und in allen meinen Seminaren, die ich halte, sind Meditationen fester Bestandteil. Vielleicht sehen wir uns da einmal. Ich würde mich freuen.

## Dein Weg zur Selbstliebe

Dich mit dir selbst wieder verbinden, dich wahrzunehmen, zu spüren, ist ein Akt der Selbstliebe. Du wendest dich dir zu. Du kümmerst dich um dich, um deine Gefühle, deine Wünsche und Bedürfnisse. Du nimmst dich wieder wichtig.

Vielleicht ist dir als kleines Kind eingeredet worden, dass du dich nicht so wichtig nehmen sollst. Oder deine Eltern hatten häufig keine Zeit für dich, vielleicht war noch ein Geschwisterchen da, das deren Aufmerksamkeit verlangte. Das hat vielleicht ein Gefühl – nämlich nicht so wichtig zu sein – in dir ausgelöst. Deshalb hast du dich zurückgenommen, hast deine Wünsche unterdrückt und angefangen zu sein, wie die Erwachsenen dich haben wollten. Brav, verständnisvoll, angepasst. Durch dieses Verhalten hast du dann Zuwendung, Anerkennung und auch das Lob bekommen, das du dir gewünscht hast. Es war zwar Liebe und Zuwendung, allerdings nur unter bestimmten Bedingungen. Du hast angefangen, zu durchschauen, wie du sein musst, um geliebt zu werden. Allerdings führte deine Bemühung, den Erwartungen der Erwachsenen in deinem Umfeld zu entsprechen, immer mehr weg von dir und deinen eigenen Wünschen und Bedürfnissen, bis du sie irgendwann gar nicht mehr wirklich wahrgenommen hast. Sie sind jedoch noch da. Durch verborgene Sehnsüchte, die vielleicht mitunter auftauchen, machen sie dich aufmerksam auf das, was dir fehlt. Wenn du sie ignorierst, schickt dir das Leben Situationen, in denen es dich einlädt, ja sogar auffordert „aufzuwachen“. Unzufriedenheit, Krankheiten, Depressionen oder auch Schicksalsschläge sind alles Botschaften, die dich darauf hinweisen, dein Leben zu überdenken, es genauer anzuschauen.

Ich durfte vor Kurzem eine Klientin durch einen Coaching-Prozess begleiten, die ziemlich erschöpft war, als sie zu mir kam. „Ich kann nicht mehr“, war ihre Aussage, und sie fing an zu schluchzen. Einige Minuten konnte sie nicht reden, der ganze Schmerz brach aus ihr heraus. In ihrem Leben drehte sich bisher alles um die Schwiegereltern und Schwägerin. Fünfundzwanzig Jahre hat sie darum gekämpft, einen Platz in der Familie zu finden. Sie wollte dazugehören, hatte so funktioniert, wie es von ihr erwartet wurde, und blieb dabei selbst auf der Strecke. Im Coaching-Prozess mit ihr tauchte ein Satz auf, den sie von ihrem Vater als kleines Kind immer gehört hatte. Er lautete: „Du musst nicht immer vorne dabei sein.“ Dieser Satz hat sie so geprägt, dass sie sich fortan immer hintenanstellte. Ihre eigenen Bedürfnisse über so viele Jahre hinweg zu unterdrücken, brachte sie allerdings an die Grenze zum Burn-out und zur Depression. Wenn sie sich einmal erlaubte, etwas zu sagen, hatte sie sofort ein schlechtes Gewissen. Wir arbeiteten miteinander und auf ihrem Weg, zu lernen, sich wahrzunehmen und auszudrücken, für sich einzustehen, nahm ihre Energie zu und sie kam immer strahlender in die Praxis. Heute traut sie sich, auch mal „Nein" zu sagen, und sich gut damit zu fühlen. Ihre Magenschmerzen, die sie jahrelang geplagt hatten, sind wesentlich besser, sie schläft besser und ist insgesamt glücklicher.

Lebst du wirklich dein Leben? Lebst du das, wonach du dich tief im Inneren sehnst? Folgst du deinem Herzen? Oder lebst du ein Leben, das du glaubst, leben zu müssen, wofür du dich irgendwann entschieden hast, das dir aber gar nicht mehr entspricht? Willst du weiterhin nur für Anerkennung leben, dich noch mehr von dir trennen, deine Wünsche und Bedürfnisse weiterhin ignorieren? Oder fängst du ab sofort an, dich wieder wichtig zu nehmen, dich an die erste Stelle in deinem Leben zu setzen?

Vielleicht taucht in dir der Gedanke auf, dass du dann egoistisch bist. Mag sein, dass ein bisschen Egoismus dabei ist, doch ich halte das für Selbstliebe! Wenn du für Lob und Anerkennung lebst, wenn du willst, dass die anderen mit dir zufrieden sind, ist das nicht egoistisch? Du erwartest damit doch durch dein Verhalten eine Gegenleistung von deinen Mitmenschen! Wenn du dich stattdessen dir wieder zuwendest, und das lebst, was dir entspricht, darfst du nicht erwarten, dass das jedem gefällt. Du erntest womöglich Neid, Kritik, Bewertung oder auch Ablehnung und das hast du zu tragen und du kannst es tragen. Denn du bist erwachsen. Du kannst entscheiden, ob du dir das Verhalten anderer Menschen zu Herzen nimmst oder nicht.

Als Kind hattest du diese Möglichkeit nicht. Es hat dich geschmerzt, wenn du kritisiert wurdest. Du warst so verletzlich und musstest dir einen Schutzpanzer zulegen und dich anpassen. Diesen Schmerz trägst du heute noch in dir. Das ist einer der Gründe, weshalb du weiter funktionierst. Du willst diesem Schmerz nicht mehr begegnen, ihn nicht mehr spüren. Er ist aber da und will endlich wahrgenommen werden. Deine Verletzungen aus der Kindheit wollen geheilt werden. Das kannst du nur, wenn du dich bewusst entscheidest, es nicht mehr allen recht machen zu wollen und bereit bist, den Preis zu bezahlen, dass du vielleicht dafür abgelehnt und kritisiert wirst. Dadurch befreist du dich von deinen dir selbst auferlegten Fesseln und heilst die Wunden deiner Vergangenheit. Du wirst energievoller, weil du deine

Gefühle und Bedürfnisse nicht mehr unterdrückst, denn das hat dich bisher ziemlich viel Energie gekostet. Du strahlst und wirst toleranter deinen Mitmenschen gegenüber. Nur was du dir gibst und gönnst, kannst du auch den anderen gönnen. Es lohnt sich also, gut zu dir selbst zu sein. Für dich und auch die anderen.

## Die Kraft der Absicht!

Schon in jungen Jahren hatte ich den Wunsch, Heilpraktikerin zu werden. Schon immer hatten mich die Heilweisen der Naturvölker interessiert. Ihre Rituale, die Verbundenheit mit der Natur, die Art wie sie Erkrankungen betrachteten und heilten, faszinierte mich. Ich wollte wissen, wie der menschliche Körper funktioniert und auch was ihn krank werden lässt.

Ich war und bin nach wie vor der Überzeugung, dass Symptome und Krankheiten Botschaften sind, die uns auf ein Ungleichgewicht hinweisen und dass reine Symptombehandlung keine langfristige Lösung für Gesundheit ist. Den Menschen als Ganzes zu betrachten und zu behandeln – Körper, Geist und Seele als eine Einheit – wie es die Naturvölker machen, das war mein Wunsch und ließ mich nicht mehr los. Als der Gedanke, Heilpraktikerin zu werden, das erste Mal auftauchte, war ich noch zu jung, um die Prüfung zu absolvieren. Ich war damals zwanzig Jahre alt, die Ausbildung dauert, je nach Heilpraktikerschule, ungefähr zwei bis drei Jahre. Das Mindestalter für die Zulassung zur Prüfung liegt bei fünfundzwanzig Jahre. Nun ist es aber so, ich bin ein starker Charakter und, wenn ich mir etwas vorgenommen habe, dann setze ich das auch um. Es sollte zwar noch eine ganze Weile dauern, bis ich die Ausbildung anfing, doch meine Absicht habe ich immer aufrechterhalten. In der Zwischenzeit erlernte ich die Kunst der Fußreflexzonenmassage. Über die Füße den ganzen Körper beeinflussen zu können, beeindruckte mich sehr, und überzeugt war ich allemal von der wunderbaren Wirkung dieser besonderen Massage durch die Erfahrung an meinem eigenen Körper.  Ich bot die Massage zur Gesundheitsvorsorge an, denn heilen durfte ich ohne medizinische Ausbildung noch nicht. Werbung brauchte ich damals nicht viel machen, denn es sprach sich in relativ kurzer Zeit herum, wie wohltuend die Massage ist, und welche großartige Auswirkung sie hat.

So baute ich mir einen kleinen Kundenstamm auf, der mit der Zeit immer größer wurde. Die Menschen genossen es, sich eine Stunde der Massage hinzugeben, abzuschalten und sich verwöhnen zu lassen. Für die meisten war es eine ganz neue Erfahrung, so viel Zeit den Füßen zuzuwenden. Das warme Öl, meine Hände und leise Entspannungsmusik im Hintergrund, ließen sie nur ungern wieder nach einer Stunde von der Liege aufstehen. Auch mir macht es sehr viel Freude, zu sehen und zu erleben, wie glücklich die Menschen sind, wenn sie sich etwas Gutes tun.

Mit der Zeit kamen immer mehr Menschen zu mir, die hörten, dass bei Personen, die ich massiert hatte, Beschwerden verschwanden. Es war an der Zeit für meine Heilpraktikerausbildung, damit ich auch heilend tätig sein durfte. Ich war damals 37 Jahre alt und das Geld immer knapp. Wie sollte ich die Ausbildung bezahlen? Wie konnte ich es neben dem Alltag mit den Kindern und Kunden noch schaffen, die Abendschule zu besuchen und Zeit fürs Lernen zu finden?

Doch ich machte mir umsonst Gedanken und mein Vertrauen, dass alles geht, wenn wir nur eine hohe Absicht aufrechterhalten, bestätigte sich auch damals. Grübeln hilft nicht. Sich den Kopf darüber zu zerbrechen, wie wir hinbekommen sollen, was wir uns vorgenommen haben, kostet zu viel Kraft und führt meist nicht zum gewünschten Ergebnis. Stattdessen eine Entscheidung zu treffen und zu vertrauen, dass das Leben uns auf unserem Weg unterstützt, lässt uns offen werden für neue Möglichkeiten.

Ich hatte also kaum den Vertrag für die Heilpraktikerausbildung unterschrieben – und wusste immer noch nicht, wie ich die Ausbildung bezahlen soll – da klingelte mein Telefon. Inge Tress, Chefin eines Biohotels in einem kleinen Ort hier auf der Schwäbischen Alb, war am anderen Ende. „Hallo Frau Raach (so hieß ich damals noch), könnten Sie sich vorstellen, an den Wochenenden unsere Gäste zu massieren? Wir würden gerne unseren Hotelgästen ein Wellnesswochenende anbieten, das eine Fußreflexzonenmassage beinhaltet, und da haben wir an Sie gedacht." Ich hüpfte innerlich vor Freude und war ganz außer mir. Wie wunderbar! Mit diesem Geld konnte ich die Raten für meine Ausbildung bezahlen! Natürlich sagte ich spontan zu und ab sofort durfte ich fast jeden Samstagvormittag die Gäste im Hotel verwöhnen. Es war abermals ein Geschenk des Himmels. Ich hatte sehr viel Freude an meiner Tätigkeit, lernte wundervolle Menschen kennen und es entwickelte sich eine wunderbare und bereichernde Freundschaft mit Inge Tress, die bis heute anhält.

Mit meinem Beispiel will ich deutlich machen, was sich alles entwickeln kann, wenn wir unserem Ruf folgen. Wenn wir vertrauen und uns nicht einreden, dass es nicht geht, was wir möchten, warum es nicht geht, oder dass momentan nicht der richtige Zeitpunkt ist. Ich kann dich hier nur animieren: Hab Vertrauen, folge deinen Impulsen und dann lasse dich überraschen.

Dass die Ausbildung mich ziemlich fordern würde, war mir schon bewusst, jedoch hatte ich unterschätzt, wie viel Zeit das Lernen tatsächlich in Anspruch nehmen würde. Auch die Durchfallquote bei der Prüfung lag ungefähr bei siebzig Prozent. Ich meißelte mir in mein Gehirn, dass Durchfallen nicht infrage kommt und dafür tat ich alles. Mein Ziel war, die Prüfung beim ersten Mal zu bestehen. Morgens um fünf Uhr stand ich auf, um zu lernen, so lange, bis die Kinder wach wurden. Meine zweite Lernphase war abends zwischen acht Uhr und zehn Uhr, wenn die Kinder im Bett waren. Zeit für mich hatte ich kaum. Aber das störte mich nicht wirklich. Der Lernstoff war so spannend und die Inhalte der Ausbildung fesselten mich und faszinierten mich so sehr, dass ich gerne in jeder freien Minute lernte. Und im Übrigen wusste ich ja, dass diese Zeit begrenzt ist. Nach zwei Jahren meldete ich mich zur Prüfung an. Mein Ergebnis: Ich hatte die Prüfung mit achtundfünfzig von sechzig erreichbaren Punkten bestanden! Ich war stolz auf mich, und das zu Recht!

Während der ganzen Zeit habe ich nicht einen Gedanken darüber zugelassen, dass ich durchfallen könnte. Diesen Gedanken schloss ich einfach aus meinem Bewusstsein aus. Wenn ich schon merkte, dass sich leichte Zweifel einschleichen wollten, ist es mir gelungen, mein Bild von der bestandenen Prüfung in meinem Kopf herzuholen. Ich visualisierte, wie ich mein Zeugnis in der

Hand halte und freute mich schon über meine Tätigkeit als Heilpraktikerin. Die Zweifel bekamen keinen Raum.

Um ins Handeln zu kommen, brauchst du eine klare Absicht mit einer hohen Energie – das bedeutet ein starkes „Warum". Ein Gedanke oder Aussagen wie: „Ich würde gerne zehn Kilo abnehmen, ich möchte mehr Sport machen, ich hätte gerne ein schönes Haus …", funktionieren nicht wirklich, dahinter steckt keine Energie. Mein Gedanke war nicht nur, dass ich die Prüfung schaffen möchte, sondern ich „wusste", dass ich die Prüfung beim ersten Mal schaffen würde. Diese Haltung nahm ich ein. Dann habe ich alles dazu beigetragen, was mir möglich war. Meine Energie war auf dieses Ziel gerichtet. Nicht verbissen, oder verkrampft, sondern klar und fokussiert – wie ein Laserstrahl.

Wenn du abnehmen willst, oder mehr Sport machen willst, dann musst du wissen, wofür. Es reicht nicht, wenn du nur diffus daran glaubst, dann würde es dir besser gehen. Du brauchst triftige Gründe, die dein Unterbewusstsein überzeugen, und zwar emotional. Hole dir dafür Bilder in deinen Kopf. Visualisiere detailliert. Wie hat sich dein Körper verändert, wenn du dein Ziel erreicht hast? Was für Kleidung trägst du? Spüre, wie viel beweglicher und energievoller du bist. Wie deine

Haut schöner und gut durchblutet ist. Wie du glücklich und voller Lebensfreude bist. Visualisiere täglich Bilder, die dein Ergebnis demonstrieren und fühle es! So, als ob das Ergebnis schon eingetreten wäre. Wie du mithilfe eines Visionsboards deine Absicht unterstützen kannst, erfährst du im Kapitel „Ziele“.

Ich habe damals Bilder visualisiert, in denen ich mich gesehen habe, wie ich zum Briefkasten laufe. Der Brief vom Gesundheitsamt liegt darin. Mein Herz klopft bis zum Hals, meine Hände sind schwitzig, mein Atem wird schneller. Ich nehme den Brief, gehe die Treppe nach oben. Ich halte ihn in der Hand und traue mich kaum ihn zu öffnen. Nach kurzem Zögern hole ich den schweren Brieföffner vom Schreibtisch und öffne ihn schließlich. Es ratscht, dann Freudenschreie, jubeln, tanzen ... Ich bin außer mir vor Freude. Yeah, yeah, yeah – geschafft!

Das habe ich die ganzen zwei Jahre nahezu täglich gemacht. Ich habe mir jedes noch so kleine Detail bildlich vorgestellt.

Gedanken und Gefühle erschaffen Realität!

Eine Absicht mit einer hohen Energie löst entsprechende Gefühle bei dir aus, lässt dich entsprechend handeln und erschafft dir die Ergebnisse, die du dir wünschst.

Möglicherweise musst du für dein Ziel früher aufstehen, bestimmte Nahrungsmittel weglassen oder weniger essen, Zeit investieren, oder Geld, aber wenn du bereit bist, das auf dich zu nehmen, und dir klar ist, wofür du das machst, wird deine Absicht eine Energie in dir mobilisieren, die dich zu deinem Ziel trägt.

Als in mir vor einiger Zeit der Gedanke auftauchte, ein Buch zu schreiben, versuchte mein Verstand mir immer wieder einzureden: „Das kannst du doch gar nicht, du kannst dich doch gar nicht korrekt ausdrücken, mach mal halblang, du hast doch keine Zeit, wann willst du das denn machen, das interessiert doch ohnehin niemanden …“. Ich spürte jedoch, dass das Buch aus mir herauswill. Der Wunsch, mein Wissen und meine Erfahrungen in einem Buch mit den Menschen zu teilen, sie der Welt zur Verfügung zu stellen, wurde immer stärker.

Du liest jetzt dieses Buch, weil ich nicht dem Kommentator in meinem Kopf geglaubt habe, sondern meiner Absicht gefolgt bin. Ich stehe wieder morgens um fünf Uhr auf, weil ich in den frühen Morgenstunden, nach der morgendlichen Meditation, die Muße und die Zeit habe, um zu schreiben. Ich verschwende keinen Gedanken daran, wie schön kuschelig es doch im Bett ist, oder dass ich vielleicht gelegentlich keine Lust habe, weil es noch dunkel draußen ist … Meine Absicht steht über der Komfortzone. Und im Übrigen, woher soll ich denn wissen, ob es jemand interessiert, oder ob ich es überhaupt kann, wenn ich es nicht einfach tue?

Was glaubst du? Bist du glücklicher, wenn du in deinen dir lieb gewordenen Gewohnheiten verharrst, die dir nicht wirklich nützen, sondern dir eher schaden, dich träge werden lassen und dich von deinem Weg abhalten? Oder bist du glücklicher, wenn du deinem Wunsch oder deinem Ruf folgst. Wenn du handelst, statt zu warten und du deinem Ziel damit Schritt für Schritt näherkommst. Für mich gilt definitiv zweites.

## Ziele, Träume und Visionen

Keine Ziele im Leben zu haben, ist so, als ob du mit einem Schiff ohne Navigation aufs offene Meer fährst. Es wird irgendwo ankommen, jedoch vermutlich nicht dort, wo du hinwolltest. Das Schiff wird Wind, Sonne, Wellen, Strömungen ausgesetzt sein. Du schaukelst noch gemütlich auf den Wellen und plötzlich verwandelt sich die leichte Brise, die angenehm deine Haut streichelte, in einen immer stärker werdenden Wind. Am Horizont braut sich ein Unwetter auf. Mit den ersten Regentropfen fängt es an zu stürmen. Du hast Mühe, dich festzuhalten, und der Regen peitscht auf dich herab. Die Wellen krachen an dein Boot, und als ob du nicht schon genug nass wärst, klatscht dir eine Ladung Salzwasser ins Gesicht. Als sich nach Stunden das Meer wieder beruhigt, der Himmel sich geöffnet und sich die Sonne wieder gezeigt hat, bist du weit auf das offene Meer abgetrieben worden, und hast komplett die Orientierung verloren.

Natürlich bist du auch mit Navigationssystem denselben Naturgewalten ausgesetzt, und wirst dich den Herausforderungen, die deine Seereise mit sich bringt, stellen müssen. Jedoch wird es dich leiten und dir Orientierung geben, sodass du dein Ziel erreichst. So ist es auch im wahren Leben. Es ist nicht immer leicht, die Ziele zu erreichen. Es werden dir Herausforderungen begegnen, es kann stürmisch werden, die Reise wird nicht immer angenehm sein, jedoch dich den Herausforderungen zu stellen, und deine Ziele anzupeilen, geben dir Orientierung und lassen dich über dich hinauswachsen.

Wir Menschen sind Gewohnheitstiere und lieben unsere Komfortzone. Lieber suhlen wir uns in unserem komfortablen und bequem eingerichteten Leben, als uns Gedanken darüber zu machen, ob das alles noch so passt, oder wir vielleicht etwas verändern wollen. Wir reden uns ein, dass es uns an nichts fehlt, wir doch zufrieden sein können. Schließlich birgt die Komfortzone auch ein Stück Sicherheit in sich. Sich nicht herauszuwagen, im Gewohnten zu verharren, ist in gewisser Weise ein Schutzmechanismus, um sich nicht den Gefahren stellen zu müssen, die womöglich außerhalb lauern. Hier kennt man sich aus, weiß, wie der Tagesablauf sein wird. Freizeit-, Wochenende- und Urlaubsplanungen werden in etwa gleich gestaltet. Alles wird gemacht, wie es schon immer gemacht wurde. In dieser routinierten Lebensweise passiert aber auch nicht viel Neues. Es könnte mit der Zeit langweilig werden und dauerhaft in der Komfortzone zu verweilen, könnte sich negativ auf deine Gesundheit auswirken. Die Welt verändert sich in rasantem Tempo – du bist Teil dieser Welt. Sich nicht verändern zu wollen, ist Stagnation – du würdest zurückbleiben. Persönliches Wachstum findet außerhalb der Komfortzone statt. Deine Ziele anzustreben und dich den Herausforderungen zu stellen, lässt dich wachsen und du kannst deine Ängste nur überwinden, wenn du dich ihnen stellst. Schlaf bitte nicht in deinem Leben ein!

Deine angeborene Entdeckerfreude und Gestaltungslust warten darauf, dass du sie entfaltest.

Es gibt ein Sprichwort, das lautet: Der Tod der Freude ist die Gewohnheit.

Durchbrich deine Routine.

Wir sind auf dieser Erde, um Freude zu haben, um zu wachsen und uns zu entfalten.

Das Leben ist endlich.

Mach dir bewusst, wie du deine kostbare Lebenszeit nutzen willst. Willst du in deinen Gewohnheiten, die nicht wirklich förderlich für dich sind, einschlafen, wie zum Beispiel jeden Abend Netflix schauen, mit einer Tüte Chips in der Hand oder möchtest du Neues ausprobieren? Du könntest stattdessen eine Runde um den Block drehen, vielleicht mit deinem Partner oder Partnerin an der Hand. Ihr genießt den Abendhimmel und die frische Luft, die in eure Lungen strömt. Die Vielzahl der funkelnden Sterne am Firmament zaubert dir ein Lächeln ins Gesicht. Dir wird bewusst, was dir entgangen wäre, hättest du deinen Abend wieder auf dem Sofa verbracht.

Vielleicht magst du dein Leben mal rückwärts betrachten. Stell dir vor, du liegst in deinen letzten Atemzügen, weißt, dass es nicht mehr lange dauert und du wirst diesen Körper verlassen. Deine Seele, Spirit, Bewusstsein, wie immer du es auch nennen magst, wird in anderen Sphären weiterleben, aber diesen Körper, den du als spirituelles Wesen in diesem Leben bewohnt hast, wird es nicht mehr geben. Solltest du meine Überzeugung, dass wir spirituelle Wesen in einem irdischen Körper sind, nicht mit mir teilen, lies gerne darüber hinweg. Fakt ist, dieses Leben endet. Du schaust darauf zurück. Wie willst du dieses Leben beenden? Möchtest du glücklich zurückblicken, im Frieden mit dir sein und dankbar darüber, dein Leben voll gelebt zu haben? Möchtest du sagen können: „Ja, ich hatte eine wunderbare Zeit, hab' meine Träume und Ziele verwirklicht. Ich habe mein Potential, meine Fähigkeiten und Talente, gelebt, mich dadurch der Welt geschenkt, und großartige Erfahrungen gemacht?" Erinnerungen an viele schöne Momente begleiten deine letzten Stunden und dein Mund formt sich zu einem schwachen Lächeln. Der Friede, der sich in deinem Körper ausbreitet, erfüllt den ganzen Raum. In den Augen deiner Liebsten, die bei dir sind, sammeln sich Tränen der Trauer und der Dankbarkeit. Alles ist gut. Ihr hattet eine wundervolle Zeit zusammen. Dein Leben ist erfüllt und du bist bereit zu gehen.

Oder gibt es etwas, was du bereuen würdest, weil du es nicht angegangen wärst oder gelebt hättest? Unruhig wälzt du dich in deinem Bett hin und her, Scham und Schuld machen sich in dir breit. Du ärgerst dich darüber, dass du so viele Jahre einer Arbeit nachgegangen bist, die dich nicht wirklich erfüllt hat. Zu wenig Zeit blieb für die schönen Dinge, für dich selbst, für deine Familie, für alles, was heute rückblickend, wirklich wichtig gewesen wäre. Damals, als du die Chance hattest, deinen Traum von einem schönen kleinen Café zu verwirklichen und nicht mutig genug warst. So oft hattest du es dir vorgestellt. Deine wunderbaren, selbst gebackenen Kuchen in der Kühltheke, den Duft von frisch gemahlenem Kaffee und die glücklichen Gesichter der Gäste, die bei einer guten Tasse Kaffee und einem leckeren Stück Kuchen die angenehme Atmosphäre genießen. Es ist ein Traum geblieben – unerfüllt. Dein gut bezahlter Job auf der Bank, dein sicheres Einkommen, die Angst vor dem Scheitern, die ständige Frage in deinem Kopf "was, wenn es nicht läuft", haben dich davon abgehalten, diesen Schritt zu gehen. Ein paar Tränen kullern über dein Gesicht. Heute bereust du zutiefst, nicht deinem Herzenstraum gefolgt zu sein.

Geh deine Träume und Ziele an. Das Leben ist zu kurz für irgendwann. Und lass dir nicht von deinem Verstand einreden, dass du kein Geld hast, nicht mutig genug bist, zu alt, oder was auch immer … Vielleicht hast du auch ein kribbeliges Gefühl im Bauch, Angst, das Gewohnte und Bekannte – das was du kennst, und mit dem du dich sicher fühlst – zu verlassen. Angst, dass du scheitern könntest, Unsicherheit und Zweifel tauchen möglicherweise auf. Das darf sein und ist völlig normal. Dein Gehirn will dich immer vor Gefahr schützen und zudem Energie sparen. Wenn du etwas Neues angehen willst, kostet das erst einmal Energie und ein Teil deines Gehirns prüft, ob Gefahr lauert. Willst du – um an dem obigen Beispiel zu bleiben – deinen Traum vom eigenen Café verwirklichen, erfordert das zunächst Energie. Du musst dich nach geeigneten Räumlichkeiten umschauen, dich informieren, welche Schritte du unternehmen musst, um von amtlicher Seite eine Genehmigung zu erhalten. Was benötigst du an Geräten, wie willst du die Inneneinrichtung gestalten? Hast du vor, dein Café allein zu betreiben oder möchtest du Personal einstellen? Wo könntest du inserieren? Viele Fragen, mit denen sich dein Gehirn auseinandersetzen muss. Zu all dem taucht die Frage auf: Was, wenn es nicht läuft? Du investierst so viel Energie, Zeit und Geld, gibst deinen sicheren Arbeitsplatz auf, um am Ende zu scheitern. In deinem Kopf rattern nur so die Gedanken, und du fängst an zu zweifeln. Dein Verstand, der das mögliche Scheitern als Gefahr erkannt hat, präsentiert dir nun alle möglichen Gründe, weshalb es besser ist, alles beim Alten zu lassen.

Heiße deine Angst, Unsicherheit und Zweifel willkommen, in dem Wissen, dass dein Gehirn dich schützen will. Nimm sie an, was anderes wollen deine Gefühle nicht. Dann spüre in dich hinein, ist es ein wirklicher Herzenswunsch, ein Traum, für den du innerlich brennst und du irgendwann bereuen würdest, wenn du es nicht wenigstens versucht hättest ihn zu verwirklichen. Anschließend gehe mutig den ersten Schritt in Richtung deines Zieles. Nimm wahr, wie du dich dabei fühlst. Den Schritt heraus aus deiner Komfortzone zu machen, macht etwas mit dir. Es ist nicht nur ein Schritt in eine neue Richtung, auf dem Weg zu deinem Ziel, sondern viel bedeutender: Es ist ein Schritt in deine Größe. Du hast alles in Dir, um das zu verwirklichen, was du dir aus tiefstem Herzen wünschst. Du bist mit einem riesigen Potential an Energie, Fähigkeiten, Stärken und Talenten geboren worden. Höre auf, dich klein zu machen, indem du dir irgendwelche Geschichten über dich erzählst, die dich einengen, begrenzen und schwächen. Stoppe deinen inneren Dialog beziehungsweise verändere ihn dahingehend, dass er dich inspiriert und einlädt, zu entdecken, was alles in dir steckt. Du wirst erstaunt sein.

Solltest du jetzt denken, dass du nicht mutig genug bist, um neue Wege einzuschlagen, dann versichere ich dir: Er fehlt dir nicht. Auch Mut existiert in dir als Potential. Es könnte jedoch sein, dass du ihn tief in dir eingeschlossen hast, vielleicht aufgrund von schmerzvollen Erfahrungen, die du in deiner Vergangenheit gemacht hast. Du hast bereits bewiesen, dass du mutig bist. Denk daran, dass du dich durch diesen engen Geburtskanal hindurch auf diese Welt gezwängt hast (es sei denn, du bist per Kaiserschnitt hier angekommen - dennoch hast du dich entschieden auf diese Welt zu kommen – mit all ihren Gefahren). Ja, Gefahren, denn du warst im sicheren warmen Terrain des Bauches deiner Mutter geborgen, musstest dich um nichts kümmern. Nahrung stand dir über die Nabelschnur zur Verfügung. Du bist gemütlich im Fruchtwasser geschaukelt, bis irgendetwas dich veranlasst hat, diesen sicheren, warmen Ort zu verlassen. Du wusstest nicht, was dich erwartet – ein großer Schritt in die Ungewissheit. Trotzdem bist du ihn gegangen, sonst wärst du nicht hier. Überaus mutig! Später, als du dann beschlossen hast, nicht mehr auf allen Vieren zu krabbeln, sondern zu laufen, warst du ebenfalls mutig. Vom sicheren Boden aus hast du es gewagt, in die Vertikale zu kommen, tausendmal hinzufallen, wieder aufzustehen, es wieder und wieder zu versuchen, bis du es geschafft hast, deine ersten Schritte zu gehen. Stell dir vor, du wärst im sicheren Hafen des Krabbelns geblieben, hättest es nicht gewagt, dich aufzurichten und loszulaufen, was wäre dir entgangen! Es ist Zeit, die Tür wieder zu öffnen, zu dem Kämmerlein, in dem du deinen Mut eingeschlossen hast. Worauf wartest Du?

Ziele geben deinem Leben Sinn und Orientierung. Dabei geht es nicht darum, von einem Ziel zum nächsten zu jagen. Bleibe ganz entspannt und höre auf dein Herz. Dein Herz weiß, was für dich Sinn ergibt, und wird dich führen. Freu dich auf die Erfahrungen, die du machen wirst und begib dich neugierig auf die Reise. Hast du dein Ziel erreicht, dann denk daran, dich zu feiern! Genieße deinen Erfolg und lass dich überraschen, welcher

Herzenstraum noch aus seinem Schlaf erwacht und verwirklicht werden möchte. Auch wenn du ein Ziel nicht erreichen würdest, kannst du stolz auf dich sein. Statt deinen Hintern auf dem Sofa platt zu drücken und in deiner Komfortzone zu verweilen, hast du dich bewegt. Du wirst danach nicht mehr die gleiche Person sein wie davor. Auf deinem Weg hast du dich auf neue Art und Weise kennengelernt und wichtige Erkenntnisse erlangt - schon dafür hätte es sich gelohnt loszugehen.

Versteh mich bitte nicht falsch, natürlich ist es in Ordnung, es dir auf dem Sofa bequem zu machen oder auch mal nichts zu tun. Die Seele baumeln zu lassen, ist Selbstfürsorge pur. Doch das bedeutet nicht, dass du nur noch auf dem Sofa hängst und das Leben draußen an dir vorbeiziehen lässt.

Nebenbei erwähnt – es kann auch ein Ziel sein, dir Gutes zu tun, und indem du dir Auszeiten erlaubst und nicht in jeder freien Minute irgendeiner Beschäftigung hinterherrennst. “Me Time” als Ziel - wie hört sich das an? Das könnte so aussehen, dass du dir einmal im Monat - oder gerne auch öfter - eine schöne Massage oder Kosmetikbehandlung gönnst oder in die Sauna gehst. Anspannung und Entspannung in einem ausgewogenen Verhältnis tragen wesentlich zu deinem Wohlbefinden bei. Sorge immer gut für dich – nicht nur dein Körper profitiert davon, auch dein Geist und deine Seele.

Solltest du dir jetzt Gedanken darüber machen, dass du gar nicht weißt, wo du hinwillst, dass du keine konkreten Ziele hast, dann schau, wer dich begleiten kann, das herauszufinden. Ich erlebe in meinen Coachings immer wieder, dass die Menschen unzufrieden und unglücklich sind und nicht wirklich wissen, was sie denn verändern wollen. Sie haben keine konkrete Vorstellung darüber, wie ihr neues, verändertes Leben aussehen soll. Was sie aber wissen ist, dass sich etwas ändern soll. Nur was? Oft ist es so, dass in ihnen Glaubenssätze wirken wie z. B.: „Ich darf keine Wünsche und Bedürfnisse haben" oder "ich bin unwichtig." Solltest auch du manchmal nicht weiterwissen, was dich in deinem Leben zurückhält, dann suche dir Unterstützung. Manchmal braucht es einen Blick von außen, jemanden, der dich eine Zeitlang unterstützt, um mit dir deine Träume, Visionen und Ziele wieder zu entdecken und dich auf dem Weg dahin begleitet.

Erlaube dir, zu wünschen und zu träumen! Denn unsere Wünsche und Träume sind die Sprache unserer Seele, das, wonach sie sich sehnt. Lerne, wieder auf ihre Stimme zu hören. Folge ihr und setze um, was sie dir zuflüstert. Dadurch erfüllst du dein Leben. Das, wofür du hier auf dieser Erde bist.

Erinnerst du dich noch daran, welche Träume du als Kind hattest? Wer oder was wolltest du sein? Welchen Beruf wolltest du ergreifen? Wohin wolltest du reisen? Wo wohnen? Welche Abenteuer erleben?

Als Kinder hatten wir noch Träume. Es war uns völlig klar, dass unsere Vorstellungen vom Leben wahr werden würden. Wenn jemand uns gefragt hat, wie wir das alles schaffen wollen, waren wir überzeugt davon, dass es schon klappen wird. Doch auf dem Weg zum Erwachsenwerden gingen unsere Vorstellungen und Überzeugungen leider verloren oder wurden untergraben, nicht selten aus dem Grund, dass niemand uns ernst nahm, wir belächelt wurden oder gehört haben, dass wir Flausen im Kopf haben, die uns schon ausgetrieben werden würden, wenn der Ernst des Lebens beginnt. Ich lade dich hier und jetzt ein, dich zu erinnern: Was wolltest du als Kind werden?

Ich erinnere mich sehr gut daran, dass ich Schlagersängerin werden wollte. Ich wollte berühmt sein, auf den Bühnen der Welt stehen und die Menschen mit meinen Liedern begeistern. Mein Vater hatte eine Schreinerei und wenn er gerade bei Kunden unterwegs war, ging ich in die Werkstatt, schnappte mir ein Holzbrett und stellte es auf zwei Blöcke: Das war meine Bühne. Mein Mikrofon war ein runder Türknopf. So bin ich auf meiner „Bühne“ mit dem “Mikrofon” in der Hand hin und her gelaufen und habe voller Freude gesungen. Mit dem Radiorekorder, den mir mein Bruder schenkte, konnte ich wunderbar die aktuellen Hits aus dem Radio aufnehmen - was für ein Luxus zu damaliger Zeit- und im Hintergrund während meines “Auftritts” abspielen lassen. Ich fühlte mich wie Juliane Werding oder Marianne Rosenberg. Das Singen hat mir so viel Spaß gemacht! Und vor allem, mir vorzustellen, wie im Publikum, also vor meiner Bretterbühne, tausende Menschen sitzen und mir gebannt zuhören. Ich stellte mir vor, wie meine Zuhörerinnen und Zuhörer mir applaudieren und rufen” “Rosa, Rosa, singe uns noch ein Lied!” Ich verbeugte mich auf meiner “Bühne” und gab gerne eine Zugabe. Wie du in der Zwischenzeit weißt, bin ich keine Schlagersängerin geworden, doch die Bühne ist immer wieder mein Metier, wenn ich Vorträge halte und Seminare gebe. So habe ich mir meinen Traum zumindest zum Teil erfüllt und das Gefühl, auf der Bühne zu stehen und Menschen zu inspirieren ist unvergleichlich.

Ein weiterer Traum von mir war es schon immer, am Wasser zu sein, ja sogar dort zu wohnen. Ich hatte schon immer eine Affinität zum Wasser. Wenn es regnete, lief das Regenwasser von der Dachrinne der Werkstatt meines Vaters, direkt in den Garten hinab, wo es sich in einer Pfütze sammelte. Wenn es regnete, konnte ich es kaum erwarten, meine knallgelben Gummistiefel anzuziehen und hinauszustürmen, während andere mit langen Gesichtern darauf warteten, dass die Sonne wieder scheint. Ich bastelte mir aus Holz kleine Boote mit einem Segel darauf und liebte es, damit zu spielen. Die Pfütze mit den selbst gebastelten Booten war mein See. Ich war glücklich.

Heute bin ich unendlich dankbar, dass ich am schönen Bodensee leben darf. Den Traum, am Wasser zu leben, hatte ich auch lange Zeit tief in meinem Innersten vergraben. Im Laufe meines Lebens spürte ich jedoch immer wieder diese Sehnsucht, die ich als Kind schon hatte. Jedes Mal, wenn meine Eltern mit meinen Geschwistern und mir einen Ausflug an den Bodensee machten, konnte ich es kaum erwarten, anzukommen. Schon wenn ich den See vom Auto aus erblickte, ging mein Herz auf – ich fühlte mich so verbunden und hatte ein Gefühl des Angekommenseins. Ich wusste: Das ist mein Platz, hier bin ich zu Hause.

Schon in jungen Jahren war mir klar, ich möchte an einem See wohnen! Der Bodensee hatte es mir dabei besonders angetan. Die Weite des Sees kombiniert mit den majestätischen Bergen erfüllte mein Herz mit Freude. Was mich davon abhielt, damals an den Bodensee zu ziehen, war mein Verwurzeltsein in meiner Heimat auf der Schwäbischen Alb. Meine Familie, meine Freunde, mein gesamtes soziales Umfeld, wollte ich nicht aufgeben. Die Zelte ganz abzubrechen, dazu war ich nicht bereit. Aufgegeben hatte ich jedoch meinen Traum nie. Als ich Anfang vierzig war, wurde meine Sehnsucht nach dem Bodensee immer stärker und mein Wunsch, dort zu leben, immer größer. Im Sommer fuhr ich fast jedes Wochenende an den See und nach jedem Ausflug fiel es mir zunehmend schwerer, wieder zurückzufahren. Ich genoss jede Minute, zögerte die Heimfahrt so weit ich konnte hinaus, um dann irgendwann traurig und deprimiert nach Hause zu fahren. Plötzlich, eines Tages auf der Rückfahrt, schoss mir der Gedanke in den Kopf: Die Lösung ist nicht entweder oder, sondern beides - ein Zweitwohnsitz am See.

Ich setzte mir ein Ziel: Bis zu meinem 50. Geburtstag bin ich Mieterin einer Zweitwohnung am Bodensee. Wie ich das schaffen sollte, wusste ich zwar noch nicht, doch das war mir egal. Ich hatte mein Ziel. Als ich meinen 46.

Geburtstag feierte, wurde mir bewusst, dass ich nun handeln musste, wenn ich meinen Traum wahrmachen wollte. Also fing ich an, im Internet die Immobilienportale durchzustöbern. Ich hatte eine klare Vorstellung, wie ich wohnen wollte: Die Wohnung sollte Seeblick haben, seenah sein und zudem bezahlbar. Puh, beim Durchblick der Portale erschrak ich allerdings erst einmal vor allem über die Mietpreise. Damals war ich völlig blauäugig und hatte keine Ahnung von der Wohnungssituation am See, geschweige denn vom Mietspiegel. Jeder, dem ich von meinem Traum erzählte, machte mir klar: Es ist unmöglich, eine Wohnung am See zu finden! Die Nachfrage ist zu hoch – und das, was verfügbar ist, ist ohnehin unbezahlbar. Doch gab ich auf? Nein! Ich blieb dran!

Ich glaubte einfach nicht an das, was mir erzählt wurde und hielt an meinem Traum fest. Darin kann ich dich nur bestärken, wenn dir Andere deinen Traum ausreden wollen. Höre nicht auf sie. Am besten gehst du den Leuten aus dem Weg und umgibst dich mit Menschen, die an dich glauben und dich darin bestärken loszulegen. Hol dir immer wieder das Bild vor Augen, wie es sich anfühlt, wenn du dein Ziel erreicht hast. Die Freude, der Stolz und das Glücksgefühl zu fühlen, bevor dein erwünschtes Ergebnis eingetreten ist, verleiht dir den

Wind unter deinen Flügeln. Kurz nach meinem 48. Geburtstag haben mein Mann und ich den Mietvertrag für unser kleines Domizil in einer Villa mit einem wunderschönen Garten direkt am See unterschrieben. Seeblick, seenah, bezahlbar! Genau so, wie ich es mir vorgestellt hatte. Ich konnte mein Glück kaum fassen und war unendlich dankbar. Doch natürlich hatte ich meinem Glück auf die Sprünge geholfen. Ich handelte. Ich suchte nach Wohnungen. Ich schrieb Vermieter an. Ich fuhr durch die Gegend, um zu schauen, ob irgendwo etwas frei war, was mir gefiel. Und es hatte sich gelohnt, dranzubleiben und nicht aufzugeben. Die Enttäuschung und den Frust, der sich unweigerlich nach den ersten Wohnungsbesichtigungen und Absagen der Vermieter einstellte, abzuschütteln und weiterzugehen.

Ziele sind Träume mit Erfüllungsdatum. Wenn du dir Ziele setzt, dann sollten sie konkret und mit Datum versehen sein, bis wann du dieses Ziel erreicht haben möchtest – und am besten machst du das schriftlich. Ich hatte damals mein Ziel folgendermaßen deklariert: An meinem 50. Geburtstag wohne ich in einer schönen hellen Wohnung am Bodensee mit Seeblick und seenah. Ich bin in wenigen Minuten fußläufig am Seeufer. Die Miete liegt genau in meinem Budget und ist für mich problemlos aufzubringen.

Streiche bitte folgende Wörter aus deinem Wortschatz, wenn du etwas erreichen möchtest: „sollte, würde gerne, hätte gerne, müsste". Das ist nicht konkret genug und es steckt keine Energie dahinter. Deklariere es so, wie wenn das Ergebnis schon eingetreten ist. Ich hatte nicht deklariert: Ich würde gerne am Bodensee wohnen, sondern - ich wohne am Bodensee ... Ich lade dich ein, in die folgenden Sätze hineinzuspüren. Sprich dabei die folgenden Sätze laut aus: "Ich müsste eigentlich mehr Sport treiben, um mich wohler zu fühlen." Und dann: " Ab jetzt treibe ich dreimal die Woche Sport. Ich fühle mich dadurch fit und ausgeglichen." Spürst du den Unterschied? Präsentiere deinem Unterbewusstsein, die Erfüllung deines Ziels, noch bevor du es erreicht hast.

Willst du z. B. einen neuen Job haben, weil du unglücklich in deiner bisherigen Arbeitsstelle bist, weil sie dich nicht erfüllt, oder du deine Fähigkeiten nicht einbringen kannst, nicht wertgeschätzt wirst oder aus welchen Gründen auch immer - könntest du es so deklarieren:

Bis zum .......(Datum) habe ich eine neue Arbeitsstelle, die mich erfüllt. Ich verdiene .............€ monatlich und habe wunderbare ArbeitskollegInnen und Vorgesetzte, die mich und meine Arbeit wertschätzen. Ich freue mich jeden Morgen auf einen erfüllten Arbeitstag und komme abends glücklich nach Hause.

Wie klingt diese konkrete Formulierung für dich? Lass sie einmal wirken. Spürst du die Freude, die in dir aufsteigt, wenn du dir dieses Ziel vorstellst? Lass zu dieser Formulierung jetzt ein Bild von deinem Ziel in dir aufsteigen. Sieh dich, wie du morgens fröhlich zur Arbeit fährst. Beim Betreten des einladenden, modernen Gebäudes begrüßt dich mit einem Lächeln eine nette Dame am Empfang. Du läufst weiter den Flur entlang zu deinem schönen, hellen Büro. Beim Eintreten fällt dein Blick durch die breite Glasfront in den Garten. Du hörst die Vögel zwitschern, lässt dich auf deinem Stuhl nieder und freust dich schon auf das Meeting mit deinen netten Kolleginnen und Kollegen. Du bist dankbar und glücklich. Am Monatsende prüfst du deinen Kontostand und siehst die gewünschte Zahl darauf. Du und deine Leistung werden in dem Maße wertgeschätzt, wie du es verdienst.

Unterschätze nicht die Kraft der Visualisierung. Keine Macht ist stärker als die deiner Vorstellungskraft. Um deine Vorstellungskraft noch zu erhöhen, oder auch, um deinen Träumen näherzukommen, kannst du dir ein Visionboard gestalten. Besorge dir dazu ein großes

Tonpapier oder eine Magnettafel. Kaufe dir ein paar Zeitschriften und nimm dir dann etwas Zeit. Blättere in aller Ruhe die Zeitschriften durch und schau, was dich anspricht. Womit gehst du in Resonanz? Sind es Überschriften, einzelne Wörter, Bilder, die dir gefallen und ausdrücken, wonach du dich sehnst? Schneide alles aus, was dich anspricht und klebe es auf dein Tonpapier oder befestige es auf deiner Magnettafel. Du kannst auch etwas malen oder Werte draufschreiben, die du in dein Leben integrieren willst. Deiner Fantasie sind keine Grenzen gesetzt. Willst du zum Beispiel mehr Freude in deinem Leben haben, klebe ein Bild auf dein Tonpapier, das für dich Freude symbolisiert. Vielleicht hast du noch ein Bild von dir, wo du lachst, strahlst und einfach Freude hattest. Du kannst auch jederzeit Bilder nehmen, die du selbst angefertigt hast, beispielsweise von deinem Traumhaus, das du bei einem Spaziergang entdeckt hast, von deiner Familie, deinem Partner oder auch wundervollen Orten, an denen du schon warst und die du gerne noch einmal besuchen möchtest. Hast du keine Zeitschriften zur Hand, recherchiere passende Bilder im Internet. Drucke sie aus und befestige sie auf deinem Visionboard. Natürlich dürfen das auch materielle Dinge sein. Die sind auch wichtig. Jedoch möchte ich dem Materiellen hier nicht zu viel an Bedeutung zumessen. Die schöne Armbanduhr zu tragen, die du im Schaufenster des Juweliers entdeckt hast und dir so gut gefällt, oder das schicke Cabriolet zu fahren, das du dir schon immer gewünscht hast, wird dir sicher Freude bereiten. Jedoch möchte ich von dem Gedanken abrücken, dass materielle Dinge glücklich machen. Mir geht es hier darum, den Fokus auf deine Entfaltung zu legen, darauf, was du nicht lebst, sondern unterdrückst.

In der Mitte deines Visionboards sollte unbedingt ein Bild von dir sein. Denn du bist der Mittelpunkt - umgeben, von alldem, was du leben willst. Das Visionboard ist ein wunderbares Instrument, um an deinen Glaubenssätzen zu arbeiten. Denn deine ganzen Glaubenssätze, die dich bisher davon abgehalten haben, das zu leben, was du dir wünschst, sind in deinem Unterbewusstsein gespeichert. Angenommen du möchtest dein Selbstvertrauen steigern, dann könntest du dir zum Beispiel ein Bild mit einer glücklichen Person zusammen mit einem ermutigenden Zitat aufkleben. Wenn du mehr Leichtigkeit in deinem Leben haben möchtest, könnten vielleicht Schmetterlinge, die du aufklebst, dich inspirieren mehr Leichtigkeit in dein Leben einzuladen. Oder du willst mehr reisen, klebe ein Bild von einem Koffer auf und Bilder von schönen Orten, die du kennenlernen möchtest. Ende letzten Jahres hatte ich beschlossen, dass ich mir in diesem Jahr eine längere Auszeit nehmen und mir einen langjährigen Traum - eine Reise nach Nepal - erfüllen möchte. Ich klebte auf mein Visionboard den Wert “Auszeit”, darunter ein Bild mit einer Frau, die in einer Hängematte liegt, und schrieb den Satz in großen Buchstaben dazu: “Einfach mal abhängen.” Für meinen Traum von Nepal wählte ich ein Bild von einem Koffer und ein Bild von Nepal, mit dem beeindruckenden Himalaya-Massiv im Hintergrund. Ich wusste noch nicht, wie das überhaupt gehen soll, mit voller Praxis, Klientinnen und Klienten, die mich “brauchen” und überhaupt, wie und mit wem komme ich nach Nepal? Das Visionboard und seine Wirkung haben jedoch dazu beigetragen, dass sich mein Traum erfüllt. Jedes Mal, wenn ich das Visionboard auf mich wirken ließ, sah ich mich in Gedanken schon in der Hängematte liegen, ein schönes Buch in der Hand, und freute mich darüber so viel Zeit für mich zu haben und einfach einmal “nur” zu genießen und das zu tun, was mir Freude macht. Das Bild und die empfundene Freude beim Betrachten und auf mich wirken lassen, haben sich in mein Unterbewusstsein eingeprägt und mich handeln lassen.

Das Unterbewusstsein reagiert wunderbar auf Bilder, und unser Handeln wird größtenteils von unserem Unterbewusstsein gesteuert. Ich schrieb im April meine

Klientinnen und Klienten an, mit der Mitteilung, dass ich mir von Mitte Juni bis Mitte September 2023 eine dreimonatige Auszeit nehme - und ich erhielt darauf nur positive Resonanz. Was meine Nepal-Reise anbetrifft, bekam ich im März eine E-Mail von der Organisation, über die ich seit Jahren eine Patenschaft für ein Kind in Nepal übernommen habe, mit einem Angebot und einer Reisebeschreibung für eine dreiwöchige Trekking-Tour durch Nepal. Ich war so verblüfft, die Beschreibung entsprach genau meinen Vorstellungen. Anfang April habe ich gebucht und reise im November nach Nepal.

Da dein Unterbewusstsein auf Bilder und Gefühle reagiert, füttern wir es durch das Visionboard sozusagen mit neuen Bildern und Gefühlen und „überschreiben" dabei deine alten Glaubenssätze. Doch das ist kein Prozess, der von heute auf morgen passiert. Lass dein Visionboard daher täglich mindestens fünf Minuten auf dich wirken – am besten abends, bevor du einschläfst, und/oder morgens, wenn du aufwachst.

Zudem darfst du fest an die Erfüllung deiner Träume, also der Dinge, die du auf deinem Visionboard befestigt hast, glauben. Sei dir ganz sicher, dass deine Wünsche in Erfüllung gehen. Zweifle nicht. Schlafe in einem Gefühl der Dankbarkeit ein- dankbar dafür, dass sich deine

Träume und Ziele bereits erfüllt haben. Wichtig ist, dass du die Erfüllung deiner Wünsche und Träume als gegeben betrachtest, auch wenn sie verrückt sind und du keine Ahnung hast, wie sie in Erfüllung gehen können. Überlasse die Realisierung deinem Unterbewusstsein und dem Universum. Meist kommen die Dinge auf anderen Wegen zu dir, als du je in Betracht gezogen hättest. Das klingt vielleicht ein wenig verrückt. Doch es funktioniert – probiere es aus.

Du bist so machtvoll. Die Quantenphysik lehrt uns, dass jeder Gedanke, den wir denken, eine Schwingungsfrequenz erzeugt und eine Information aussendet. Das Gefühl, das mit diesem Gedanken einhergeht, wirkt dabei wie ein Magnet. Deine Gedanken und Gefühle ziehen das in deine Reichweite, was mit dieser Schwingungsfrequenz in Resonanz geht. Du erinnerst dich? Wenn du nun deine Aufmerksamkeit auf deine Wünsche und Träume lenkst, und dabei das Gefühl der Dankbarkeit entstehen lässt, sendest du die Information aus, dass dein Traum bereits erfüllt ist. Diese Schwingungsfrequenz, die dabei entsteht, lässt deine Träume zur Realität werden.

Und natürlich bedeutet es nicht, dass du so lange Däumchen drehst und wartest, bis dein Wunsch magischerweise in Erfüllung geht. Nein, du solltest schon aktiv werden. Dich umschauen, umhören, Bewerbungen schreiben, wenn es um einen neuen Job geht, und vor allem vertrauen! Trage zu deiner Vision bei, was du beitragen kannst, und bleibe entspannt dabei. Durch deine Aktivität sendest du aus, wie wichtig dir dein Ziel ist, dein Fokus, deine Gedanken sind darauf gelenkt und in dem Vertrauen, dass sich das erfüllt, was du dir wünschst, steht der Erfüllung letztendlich nichts mehr im Wege. Du musst dich nicht anstrengen. Hör auf, die Dinge erzwingen zu wollen und dich unter Druck zu setzen. Das kostet Kraft und Energie, und du verschließt dich möglicherweise vor Angeboten, die das Leben für dich bereithält, die du noch gar nicht sehen kannst oder für möglich hältst.

Mit dem Setzen von Zielen gibst du deinem Leben eine Richtung. Auf dem Weg dahin, passieren oft Dinge, die dich ins Staunen versetzen. Du machst Erfahrungen, die dich deiner wahren Bestimmung näherbringen. Sie helfen dir, dich mehr und mehr zu entdecken und sorgen für Überraschungen und Lebendigkeit in deinem Leben.

Also - ich lade dich ein, zu beginnen, dir das Leben vorzustellen, das du möchtest - und zwar noch heute – und dann lass dich überraschen!

Sollte sich etwas nicht erfüllen, oder erreichst du dein Ziel nicht zum festgelegten Zeitpunkt, leg dich erneut fest. Das ist kein Grund, dein Ziel komplett infrage zu stellen. Denn du bist Schritte gegangen, sie haben dich weitergebracht. Jede Reise beginnt mit dem ersten Schritt. Frustriert darüber zu sein, dass es bisher noch nicht geklappt hat, oder dir einzureden, dass du dein Ziel gar nicht erreichen kannst, dass du das, was du willst, ohnehin nicht bekommst, ist hier fehl am Platz! In solchen Situationen melden sich wieder einmal deine alten Glaubenssätze zu Wort. Nimm sie wahr und geh weiter. Du bist niemals gescheitert – sondern gescheiter!

Stell dir vor, Thomas Alva Edison hätte nach seinen vielen Versuchen (angeblich brauchte er mehr als 9000 Fehlversuche, bis es endlich klappte), die Glühbirne zu erfinden, aufgegeben – wir säßen heute noch im Dunkeln.

Selbst als eine Explosion mehrere seiner Gebäude in Flammen versetzte, betrachtete er angeblich in aller Ruhe, wie seine gesamte Arbeit in den Flammen vernichtet wurde. All seine Aufzeichnungen, seine Prototypen, alles, was er in vielen Jahren aufgebaut hatte, verbrannte. Weißt du, was er damals wohl zu seinem Sohn gesagt hat? Er sagte ihm, er solle seine Mutter und all seine Freunde holen, denn so ein Feuer würden sie nie wieder sehen! Ein Feuer, in dem all seine Fehler verbrennen.

Jeder sogenannte Misserfolg ist ein weiterer Schritt Richtung Erfolg. Du hast dich in Bewegung gesetzt, auf deinem Weg Erfahrungen gemacht und dazugelernt. Also klopf dir ordentlich auf die Schultern. Das, was du bisher erreicht hast, ist Lob und Anerkennung wert.

Als ich anfing, dieses Buch zu schreiben, hatte ich mir ein Ziel gesetzt, wann es fertig sein soll. Das Ziel habe ich nicht erreicht. Nach ca. dreißig Seiten waren plötzlich andere Dinge wichtiger. Dazu kam die Enttäuschung, dass ich von zwei Verlagen Absagen bekommen habe, denen ich mein Exposé eingereicht hatte. Der dritte Verlag vertröstete mich auf immer neue Termine, bis wann ich Bescheid bekommen sollte – gemeldet hat er sich leider bis heute nicht. Ich war frustriert und meine alten Glaubenssätze tauchten auf: Ich bin nicht gut genug, es interessiert sowieso niemand; ich kann das nicht ... Ich stand morgens nicht mehr um fünf Uhr auf, mir fiel nichts mehr ein - es entwickelte sich eine richtige Schreibblockade. Die dauerte ein paar Monate. Aus dem Kopf ließ ich mein Buch jedoch nie verschwinden. Irgendwo im hinteren Kämmerlein war es noch da und wenn mich jemand danach fragte, wurde ich sowieso wieder daran erinnert. Auf meinem Visionsboard klebte natürlich ein Bild von mir, strahlend, glücklich, mit (m)einem Buch in der Hand. Auch dadurch wurde ich immer wieder an mein Buch erinnert. Eine Situation mit einer Klientin gab mir dann noch einmal einen enormen Motivationsschub. Sie fragte mich immer wieder, wenn sie bei mir in Behandlung war, wie weit ich mit meinem Buch denn wäre. Als ich ihr auf ihre Frage ein paar Mal antwortete, dass ich momentan nicht schreibe, fragte sie einige Zeit lang nicht mehr nach – bis sie mir die Frage dann in einer Sitzung wieder stellte. "Rosa, wie sieht es aus mit deinem Buch? Ich möchte es so gerne lesen. Wann ist es denn fertig?"

Diese Frage berührte mich sehr. Diese Frau wartete auf mein Buch. Das gab mir einen solchen Motivationsschub, dass ich wieder anfing zu schreiben. Mir war in diesem Moment klar, dass es sich lohnt weiterzuschreiben. Und wenn ich mein Buch „nur" für sie schreibe, hat es sich gelohnt. Und da du dieses Buch nun in den Händen hältst, habe ich es auch für dich geschrieben.

Ich sagte ihr, dass ich es ihr dieses Jahr zu Weihnachten schenke – damit hatte ich mein neues Ziel.

Und ich will noch erwähnen, dass ich meinen wunderbaren Buch-Coach Mirjam Saeger an meiner Seite habe, die mich auch wesentlich darin unterstützt, dranzubleiben. Wie du an diesen Zeilen siehst, habe ich wieder ins Schreiben hineingefunden. Darüber bin ich sehr glücklich und freue mich, wenn ich dir ein paar Impulse für dein Leben mitgeben kann.

Auf dem Weg, unsere Träume und Ziele zu verwirklichen, mobilisieren wir oft eine Kraft, die uns auch über schwierige bzw. herausfordernde Zeiten trägt. Wenn im Außen alles zusammenbrechen droht, wenn du nicht weiter weißt, hol dir deinen Traum aus dem Gedächtnis und halte daran fest. Ich bin überzeugt davon, dass meine Ziele, die ich mir immer wieder gesetzt und stets in Erinnerung gerufen habe – trotz meiner Situation, als alleinerziehende Mutter - die Kraft gegeben haben, schwierige Zeiten zu meistern und nicht unterzugehen.

Je größer deine Ziele, umso größer deine Kraft! Los geht's!

Denk bitte daran, deine Grenzen existieren nur in deinem Kopf! Greife nach den Sternen, und wenn Du „nur" bis zum Mond kommst, hat es sich definitiv gelohnt und du bist weiter gekommen, als die meisten Menschen.

Eine wunderbare Möglichkeit, um herauszufinden, wo du hinwillst und wie du dich von deinen alten Glaubenssätzen löst, um deine Träume zu verwirklichen, ist mein Seminar:

„Lebe Deinen Traum."

Vielleicht sehen wir uns mal da. Ich freue mich auf dich.

## Fokus!

Da, wo dein Fokus, deine Aufmerksamkeit ist, geht die Energie hin. Und wo die Energie hinfließt, das verstärkt oder vermehrt sich.

Worauf ist deine Aufmerksamkeit gerichtet?

Auf deine Vision, deine Ziele, das, worüber du dankbar bist in deinem Leben? Oder darauf was nicht so läuft, wie du es gerne hättest, was dich unzufrieden macht, auf deine Sorgen, Probleme, Ängste? Ein Problem wird nicht weniger, wenn du darüber nachgrübelst.

Schon Einstein wusste:

"Probleme kann man niemals mit derselben Denkweise lösen, durch die sie entstanden sind." (Albert Einstein)

In meinen Coaching-Sitzungen höre ich oft diesen Satz: „Ich will nicht mehr funktionieren“. Hier ist der Fokus auf Funktionieren gerichtet. Das Wörtchen „nicht“ ändert daran gar nichts. Stelle dir einmal vor, ich sage dir, du sollst jetzt NICHT an eine lila Kuh denken. Woran denkst du? An eine lila Kuh. Bitte achte darauf, deine Aufmerksamkeit dahin zu lenken, was du in dein Leben einladen willst, oder wie du künftig sein willst. Wenn du nicht mehr funktionieren willst, hol dir den Gedanken in dein Bewusstsein. dass du selbstbestimmt leben willst. Wenn du dir mehr Leichtigkeit und Freude wünschst, dann formuliere bewusst Leichtigkeit und Freude als Begriffe, anstatt zu sagen: “Ich wünsche mir weniger Schwere in meinem Leben.”

Ich lade dich ein, dir innerlich oder auch laut einmal ganz bewusst diese Sätze zu sagen: „Ich will nicht mehr funktionieren“ und „Ich führe ein selbstbestimmtes Leben.“ Spüre ich dich hinein, wie fühlen sich diese beiden Sätze an? Spürst du den Unterschied? Welcher Satz gibt dir Energie und welcher lässt deinen Energiepegel sinken?

Vielleicht merkst du sogar eine körperliche Veränderung bei dem zweiten Satz. Bei meinen Klientinnen und Klienten sehe ich deutlich, wie sich ihre Haltung durch die unterschiedlichen Sätze verändert. Ihr Körper richtet sich bei positiven Sätzen sichtbar auf. Sie wählen bewusst die Version des Satzes, der aussagt, dass das Ergebnis schon eingetreten ist. Nicht „ich will ein selbstbewusstes Leben führen“, sondern „ich führe“ … Die Zukunft schon ins Hier und Jetzt geholt.

„Alles hängt an mir, ich muss mich um alles allein kümmern, ich schaffe mir immer dieselben Probleme, ich drehe mich im Hamsterrad." Diese Sätze allein werden ganz sicher nicht dazu beitragen, dass sich etwas ändert - in dir oder deinem Leben. Dir dessen bewusst zu werden, wo du feststeckst und dann die Entscheidung zu treffen, deine Aufmerksamkeit auf das Ergebnis zu richten, das du erschaffen willst, ist der erste Schritt in Richtung Veränderung.

Aus den Augen, aus dem Sinn – dieser Satz ist uns allen geläufig. Deinen Blick von dem abzuwenden, was sich verabschieden darf, wäre doch eigentlich einfach, oder? Weshalb fällt es uns dann so schwer? Da spielen Emotionen eine Rolle, die wiederum einen Einfluss auf deine Gedanken haben. So wie du denkst, so fühlst du, und so wie du fühlst, so denkst du. Klingt etwas kompliziert, ist es aber nicht. Im obigen Fall bedeutet das: Deine Wahrnehmung, dass du dich um alles allein kümmern musst, ist mit einem Gefühl von Frust verbunden. Wenn du gefrustet bist, fällt es dir schwer, einen anderen Gedanken zu denken als "Ich bin gefrustet". Deshalb funktioniert positives Denken auch nicht wirklich. Du kannst nicht anders denken, als du fühlst. Du kannst dir hundertmal einreden, dass es dir gutgeht - wenn du innerlich eine Unzufriedenheit fühlst, wird das nichts bringen. Du brauchst das Gefühl dazu – das Gefühl, dass es dir gut geht.

Wenn du nun deinen Fokus darauf lenkst, was du in deinem Leben haben willst, wie du sein willst, solltest du nicht allein nur diesen Gedanken in deinem Kopf haben, sondern dich in deine neue Situation hineinfühlen. Denn dein Gehirn registriert, wie du dich fühlst, und schüttet die entsprechenden Botenstoffe aus, die wiederum den Gedanken entstehen lassen, der zu diesem Gefühl passt. Fühlst du dich nun in deine neue Situation hinein, so wie du sie haben willst, und spürst Freude dabei, wird dein Gehirn die Freude wahrnehmen und neue Gedanken produzieren, die noch mehr Freude in dir erzeugen. Die Verbindung zum Frust ist unterbrochen und es fällt dir leichter, deinen Fokus zu halten.

Das darfst du üben. Und vor allem ärgere dich nicht, wenn es dir nicht sofort gelingt, und du wieder – sinnbildlich - an die lila Kuh denkst.

Vor allem, wenn du schon längere Zeit unglücklich oder unzufrieden mit deinem Leben bist - das sozusagen zu deinem Seinszustand geworden ist - hat sich in deinem Gehirn ein Netzwerk von Neuronen gebildet, die ziemlich hartnäckig sind und den Gedanken und dieses Gefühl aufrechterhalten wollen. Veränderung würde wieder Energie kosten – und diese Energie will dein Gehirn sparen.

Um neue Neuronen zu einem Netzwerk in deinem Kopf zu verknüpfen, das da heißt: „Ich bin glücklich“, braucht es viel Übung. Du musst konstant deine Aufmerksamkeit darauf lenken, was dieses Gefühl in dir entstehen lässt und vor allem - wiederholen, wiederholen, wiederholen.

## Dein Umfeld beeinflusst dich und du dein Umfeld

Du bist der Durchschnitt der fünf Menschen, mit denen du die meiste Zeit verbringst. Vielleicht hast du dieses Zitat von Jim Rohn schon einmal gehört.

Wir sind soziale Wesen und orientieren uns an unserem Umfeld. Um uns anzupassen, nehmen wir Verhaltens- und Glaubensweisen unseres Umfelds an. Das funktioniert aufgrund bestimmter Nervenzellen im Gehirn, sogenannter Spiegelneuronen. Wenn wir eine Situation betrachten, lösen diese Spiegelneuronen ähnliche Gefühle und Aktivitätsimpulse wie diejenigen, die wir wahrnehmen, in uns aus. Wir spiegeln sozusagen die Situation. Das ist ein sinnvoller Mechanismus unseres Gehirns, um uns in früheren Zeiten unser Überleben zu sichern. Ohne Anpassung an die Gruppe und deren Verhaltensweisen wäre im Steinzeitalter ein Überleben nicht möglich gewesen. Wenn unsere Steinzeit-Familie vor dem Säbelzahntiger weggelaufen ist, haben unsere Vorfahren das auch gemacht. Ansonsten wären es nicht mehr unsere Vorfahren.

Heute ist Anpassung zum Überleben nicht mehr notwendig, jedoch um in einer Gesellschaft zu bestehen, passen wir uns auch heute noch an. Das Bedürfnis der Zugehörigkeit ist tief in uns verankert.

Denk an deine Jugend und die Cliquenbildung. Es war wichtig, so zu sein, wie die anderen, um in der Clique bestehen zu können. In deinem Freundeskreis heute, habt ihr sicherlich ähnliche Interessen, gemeinsame Hobbys, Vorlieben, Ernährungs- und Trinkgewohnheiten, die Wahl der Urlaubsorte …

Meist wird das alles gar nicht mehr hinterfragt – wir sind es so gewohnt.

Triffst du nun eine Entscheidung, etwas zu verändern, wie zum Beispiel mehr Sport zu treiben, und die meisten Menschen in deinem Umfeld sind Sportmuffel, wirst du es schwerer haben, deine Entscheidung umzusetzen und vor allem dranzubleiben. Jetzt denkst du vielleicht: „Dann brauche ich gar nicht erst damit anfangen …“ Erwischt! Such dir eine Sportgruppe, oder schau, wo du dich anschließen kannst. Du wirst Leute finden, die dich unterstützen. Hast du erst einmal deinen Fokus darauf gerichtet, an deinem Ziel, hier also mehr Sport zu treiben, zu arbeiten, triffst du auf Menschen, die auch Sport machen. Deine selektive Wahrnehmung wird dir das präsentieren, worauf deine Aufmerksamkeit gerichtet ist.

Selektive Wahrnehmung? Ja, unser Gehirn selektiert, was in deinem Bewusstsein überhaupt ankommt von den vielen Eindrücken, die jede Sekunde auf dich einströmen. Vielleicht kennst du das: Du möchtest ein neues Auto kaufen, sagen wir in der Farbe Rot. Plötzlich fallen dir überall rote Autos auf. Oder wenn du Mutter bist: Hast du es auch in deiner Schwangerschaft erlebt, dass plötzlich überall Schwangere waren?

Es gibt nicht plötzlich mehr rote Autos oder schwangere Frauen als vorher. Doch jetzt, wo du deine Wahrnehmung darauf gerichtet hast, fallen sie dir erst auf.

So wird es auch sein, wenn du anfängst, dich sportlich zu betätigen. Du wirst überrascht sein, wer alles Sport treibt. Nebenbei steigt die Chance, Disziplin aufzubringen und durchzuhalten definitiv, wenn du dir Gleichgesinnte suchst. Und wer weiß, vielleicht steckst du ja damit dann deine Sportmuffel-Freunde an ...

Eventuell ging es dir auch schon mal so? Du bist gut gelaunt, gehst zu einer Party, freust dich schon den ganzen Tag auf den Abend. Du kommst an und spürst, dass die Stimmung nicht so großartig ist, wie du erwartet hast.

Ein paar Leute stehen zusammen, mustern dich kurz, als du eintrittst, und stecken ihre Köpfe sofort wieder zusammen. Die anderen stehen einzeln mit ihren Getränken im Raum verteilt herum und sehen gelangweilt aus. Du holst dir auch einen Drink, gehst auf jemanden zu, versuchst ein Gespräch anzufangen, merkst jedoch, dass dein Gegenüber nicht wirklich daran interessiert ist. Vielleicht versuchst du es noch einmal, doch irgendwann stehst du mit deinem Drink in der Hand einfach nur herum. Deine gute Stimmung sinkt nach und nach in den Keller.

Die miese Stimmung der Anwesenden hat sich auf dich übertragen.

Oder aber das Gegenteil ist der Fall. Du hast eine Einladung und überhaupt keine Lust hinzugehen. Du bist nicht gut gelaunt, hattest einen anstrengenden Tag. Bei der Arbeit lief es heute nicht besonders gut, du bist müde, willst eigentlich nur noch deine Ruhe und dich aufs Sofa legen. Du beschließt, deine Freundin anzurufen, die dich abholen will, um ihr abzusagen. In dem Moment klingelt es, und sie steht schon an der Tür. „Kommt überhaupt nicht infrage, ich habe mich so auf diesen Abend gefreut, und jetzt willst du einen Rückzieher machen“ sind ihre Worte, als du ihr sagst, dass du keine

Lust hast, mitzukommen. Sie redet so lange auf dich ein, bis du nachgibst und schließlich doch mitgehst. Auf der Party angekommen, herrscht schon eine super Stimmung: Du siehst nette Leute, hörst großartige Musik. Genau dein Musikgeschmack dröhnt aus den Boxen, es kommen einige Leute, die du kennst und längere Zeit nicht mehr gesehen hast auf dich zu, freuen sich, dich mal wieder zu sehen und deine Laune wird von Minute zu Minute besser. Die Stimmung reißt dich einfach mit. Deine Müdigkeit ist plötzlich verschwunden, das Lachen und die fröhliche Stimmung der Leute stecken dich an, so dass du einen genialen Abend verbringst, an dessen Ende du glücklich und froh darüber bist, doch hingegangen zu sein.

Vermutlich kennst auch du solche Situationen: Du bist lustlos und traurig, doch die Menschen, die du triffst, muntern dich auf. Oder andersherum - du bist gut gelaunt und dein Umfeld zieht dich herunter.

Willst du ein glücklicheres Leben führen, solltest du dir die Zeit nehmen und dich umschauen, wer die fünf Menschen sind, mit denen du die meiste Zeit verbringst.

Bist du mit Leuten zusammen, die lebensbejahend sind, die positiv und zuversichtlich in die Zukunft blicken, die

Herausforderungen angehen, in dem „Wissen“, sie auch zu bewältigen? Die dich in deinen Entscheidungen unterstützen, dich inspirieren und stärken? Die dich darauf hinweisen, wenn du von deinem Weg abgekommen bist oder feststeckst?

Oder umgibst du dich mit Personen, die permanent jammern und meckern, die alles schwarzmalen, in allem etwas Negatives sehen. Die deine Visionen und Träume als Spinnerei abtun und dir einreden wollen, weshalb es besser ist, auf dem Teppich zu bleiben? Die dich gar nicht wirklich wahrnehmen, weil sie mit sich und ihren Problemen beschäftigt sind?

Wenn die letzteren zu deinem Umfeld gehören, dann läufst du Gefahr, dass du die Eigenschaften dieser Menschen annimmst, und womöglich genauso wirst wie sie. Manchmal tut es sicherlich gut, jemanden zu haben, dem man alle Sorgen und Probleme erzählen kann, der einem zuhört und Verständnis entgegenbringt. Das ist auch wichtig und befreiend.

Denn das unterstützt dich dabei, Dinge, die dich belasten, nicht in dich hineinzufressen. Durch unseren Gesprächspartner oder -partnerin können wir uns auch für eine andere Perspektive öffnen. Wir sind soziale Wesen und sollten natürlich füreinander da sein. Wir brauchen einander, schon allein, um unsere Grundbedürfnisse nach Zugehörigkeit und Verbundenheit zu befriedigen. Es ist also okay, sich ab und zu darüber auszutauschen, was gerade schiefläuft im Leben.

Doch damit meine ich einen konstruktiven Austausch und kein ewiges Herumgejammere. Jammern und Klagen befreit dich nicht. Menschen, die in allem etwas Negatives sehen, wollen sich oft gar nicht für eine neue Perspektive öffnen, oder nach einer Lösung suchen. Im Gegenteil - sie wollen in ihrer Opferrolle bleiben, wollen Mitleid, und in ihrem Leid gehört und gesehen werden. Sie wollen Aufmerksamkeit und wichtig sein und sich in ihrem Problem suhlen - eine Lösung wollen sie gar nicht! Diese Vorgehensweise ist ihnen meist nicht bewusst, stattdessen sind bei ihnen wieder einmal Programme und Muster im Unterbewusstsein aktiv. So etwas erlebe ich auch immer mal wieder in meiner Praxis. Es gibt Menschen, die oft als therapieresistent bezeichnet werden, weil alle Therapien bisher nicht angeschlagen haben. Wenn ich kinesiologisch austeste (ein spezieller Muskeltest, über den das Unterbewusstsein „abgefragt" werden kann und „Antworten" liefert), ob die betreffende Person überhaupt gesund sein will, kommt häufig ein „nein" dabei heraus. Sie fallen dann aus allen

Wolken, widersprechen und wollen zunächst nicht glauben, dass ihre Krankheit und ihre Beschwerden für ihr System auch „Vorteile“ hat und deshalb versucht, alles so wie es ist, aufrechtzuerhalten.

Wir Menschen sind komplexe Systeme und vereinen viele Systeme in uns, wie zum Beispiel das Herz-Kreislauf-System, das Nervensystem, das Verdauungssystem etc. und wir sind mit vielem im Außen verbunden. Die Aufgabe der Regelmechanismen scheint zu sein, das Gleichgewicht im gesamten System zu erhalten - so belassen, wie es ist. Leiden scheint leichter zu sein als zu lösen oder zu heilen. Beim genaueren Betrachten und Untersuchen können sie das erkennen und sind überrascht, welche unbewussten Muster dahinterstecken. Oftmals will damit ein Mangel aufgefüllt werden, meist ein unerfülltes Bedürfnis, das aus der Kindheit herrührt.

Kommt dir folgende Situation bekannt vor? Dir geht es gerade nicht gut. Du rufst jemanden an, oder triffst dich mit einem Freund oder einer Freundin und fängst gerade an zu erzählen, wie es dir geht – und im nächsten Moment geht es nicht mehr um dich. Du wirst zugedröhnt mit den Geschichten deines Gesprächspartners oder -partnerin. Du kommst gar nicht mehr zu Wort, dein Kopf brummt, deine Laune wird von Minute zu

Minute schlechter. Du wolltest dich mitteilen und vielleicht einen Rat einholen und stattdessen wirst du überrollt mit den Problemen deines Gegenübers. Du schaffst es nicht, das Gespräch zu beenden, und wenn du nach gefühlten Stunden den Hörer auflegst oder wieder nach Hause fährst, fühlst du dich als ob eine Walze über dich gefahren wäre. Du bist platt und es geht dir noch schlechter als davor.

Was hält dich in so einem Fall davon ab, das Gespräch zu beenden? Es fehlt dir an Mut? Du willst dein Gegenüber nicht verletzen? Jetzt bitte mal Hand aufs Herz: Im Grunde kannst du dabei niemanden verletzen, außer dich selbst. Dein Gegenüber kann sich zwar verletzt fühlen, doch die verletzenden Gefühle entstehen nicht durch dein Verhalten, sondern sind in der jeweiligen Person enthalten und werden durch dich getriggert. Du bist niemals „Schuld" an den Gefühlen einer anderen Person!

Gefühle entstehen ganz früh in unserer Kindheit. Alles, was wir heute fühlen, ist ein chemischer Vorgang, der durch ein Erinnern unseres Gehirns an eine vorherige Erfahrung zustande kommt. Und vor allem schmerzvolle Gefühle, wie das Gefühl abgelehnt zu sein, unwichtig oder minderwertig zu sein, wollen geheilt werden. Dazu präsentiert uns das Leben immer die passenden Situationen, so auch in obigem Beispiel.

Nach einem Telefonat oder Treffen, nach dem es dir schlecht geht, könntest du schauen, weshalb es dir jetzt gerade so geht. Ist es, weil du nicht wahrgenommen wurdest? Weil über dich und dein Problem förmlich "drübergefahren" wurde? Oder weil du dich nicht getraut hast, das Gespräch zu beenden? Vermutlich beides. Du hast nicht zugelassen, dass es dir weh tut, dass du nicht gehört wurdest. Anstatt die Reißleine zu ziehen, wurde deine Laune immer schlechter und du hast das Telefonat ausgesessen. Dabei hast du dich und dein Bedürfnis nicht geachtet, sondern unterdrückt - genau wie deinen Schmerz. Das kostet Kraft und Energie. Wir können unsere alten Wunden nur heilen, wenn wir unseren Gefühlen nicht mehr aus dem Weg gehen, oder sie unterdrücken. Alles will ans Licht.

Wenn jemand enttäuscht ist oder sich abgelehnt fühlt, weil du für dich eine Entscheidung triffst und nicht dem folgst, was diese Person möchte, verletzt du sie nicht, sondern gibst dieser Person damit eine Möglichkeit, an ihren Schmerz zu kommen und in dem Moment zu heilen. Auch du kannst jederzeit durch solche Situationen heilen, anstatt dich verletzt zu fühlen. Heilung geschieht, indem ich zustimme, in Anerkennung damit bin, was ich fühle, aufhöre, dagegen anzukämpfen und mich dem Schmerz hingebe.

Was könnte denn passieren, wenn du dich trauen würdest, deinem Gesprächspartner oder -partnerin Einhalt zu gebieten? Ja, er oder sie könnte enttäuscht oder gar empört sein, könnte dich kritisieren und dir vorwerfen, dass du egoistisch bist und nur an dich denkst ... Doch ganz ehrlich bist du das wirklich?

Nein! Du sorgst stattdessen in diesem Moment für dich, indem du stoppst, was dir nicht guttut. Und das ist legitim! Was Besseres kannst du nicht für dich tun, und deinem Gegenüber auch nicht. Denke daran: jammern und klagen hilft nicht, sondern verstärkt den Zustand und die Energie, und dadurch wird dein Gegenüber es auch schwerer haben, aus einem solchen Zustand wieder herauszukommen.

Somit wirkt sich dein STOP auf euch beide aus. Es kann sein, dass dein Freund oder deine Freundin das anders sehen – wichtig dabei ist, dass DU es siehst und das Gespräch ohne schlechtes Gewissen bzw. Schuldgefühle beendest.

Falls du noch unsicher bist, was du tun sollst, dann stelle in so einer Situation innerlich ein paar Fragen:

Dient das Gespräch dazu, eine Lösung zu finden?

Wie fühle ich mich momentan?

Bin ich noch in meiner Energie oder schwächt es mich?

Wie kann ich JETZT gut für mich sorgen?

Wer will ich für mein Gegenüber sein?

So wie du durch dein Umfeld beeinflusst wirst, wird dein Umfeld durch dich beeinflusst.

Wer oder was willst du für dein Umfeld sein? Willst Du eine Inspiration für die Menschen sein, mit denen du zu tun hast? Sollen sie sich wohlfühlen, wenn sie mit dir zusammen sind? Willst du ihnen authentisch, integer und aufrichtig begegnen? Welche Werte sind dir wichtig?

Wenn du dich auf deinen eigenen Weg begibst, dir folgst und aufhörst, das zu leben, was du bisher geglaubt hast, leben zu müssen, führt es unweigerlich dazu, dass du dabei einiges und einige hinter dir lassen musst. Es kann passieren, dass sich Menschen aus deinem Leben verabschieden, oder du selbst die Entscheidung triffst,

Freundschaften zu lösen. Es wird nicht allen in deinem Umfeld gefallen, wie du dich entwickelst, du wirst unter Umständen bewertet und kritisiert.

Das ist schmerzvoll und alles im Leben hat seinen Preis. Doch der Preis, den du bezahlst, wenn du dich weiter anpasst und funktionierst, ist wesentlich höher. Es kostet dich dein Leben. Du gibst DICH auf, deine Wünsche, deine Ziele, deine Träume, das, wonach dein Herz sich sehnt.

Ganz im Ernst: denkst du, du kannst glücklich werden, wenn du dich selbst verleugnest?

Freude und Schmerz liegen nun mal eng beieinander. Sei bereit. Lass los. Du kannst nur gewinnen, wenn du deinen Weg gehst. Du gewinnst deine Würde zurück. Du entdeckst neue Stärken und Qualitäten an dir. Du fühlst dich leichter und freier. Energie, die bisher unterdrückt oder fehlgeleitet wurde, wird freigesetzt. Und du öffnest die Tür für Menschen, die dir gleichgesinnt sind. Es werden Personen in dein Leben treten, mit denen du gemeinsam wachsen und dich entfalten kannst.

Gleiches zieht Gleiches an. Du hast dieses eine Leben, das irgendwann endet – früher oder später. Der Zeitpunkt liegt in den Sternen. Lebe es!

Ein Zitat von Albert Einstein fällt mir dazu ein:

„Der größte Wahnsinn ist, auf Veränderung zu hoffen, und dabei alles beim Alten zu lassen.“

## Opfer oder Schöpfer?

Wenn du dieses Buch bis hierher gelesen hast, solltest du nun wissen, wie machtvoll du bist! Du bist der Schöpfer deiner Wirklichkeit! Du hast die Macht, darüber zu entscheiden, wie du sein und leben willst! Bleibst du in deinen festgefahrenen Mustern stecken oder befreist du dich und machst aus deinem Leben ein Meisterwerk?!

Oft höre ich in meinen Coaching-Sitzungen von meinen Klientinnen und Klienten, dass ihre Kindheit nicht so rosig war, dass sie keine Liebe und Zärtlichkeit bekommen haben, dass sie nie umarmt wurden, keine Nähe erfahren haben. Das ist traurig und der Schmerz darüber will gefühlt werden. Doch irgendwann ist es dann auch gut. Wenn wir unser ganzes Leben damit verbringen, unsere Kindheit aufzuarbeiten, verpassen wir unser Leben– das im Hier und Jetzt stattfindet!  Ja, die Erfahrungen unserer Kindheit und allgemein unserer Vergangenheit haben uns geprägt und es ist wichtig, dort hinzuschauen und deinen unterdrückten Gefühlen Raum zu geben. Du sollst deine unerfüllten Wünsche und Bedürfnisse – und vor allem den damit verbundenen Schmerz, der noch in dir lebt – wahrnehmen und fühlen. Das braucht eine gewisse Zeit und es ist auch gut, dir dafür eventuell professionelle Hilfe zu holen, eine erfahrene und kompetente Person, die dich dabei begleitet und unterstützt.

Was ich jedoch häufig wahrnehme ist, dass viele Menschen ihre Kindheit als „Ausrede“ benutzen. Sie geben ihren Eltern die Schuld dafür, sie nicht anders erzogen zu haben und rechtfertigen damit, weshalb sie so sind, wie sie sind und ihr Leben so ist, wie es ist. Kann man machen - aber es ändert sich dadurch nichts. Deine Eltern wollten sicherlich auch das Beste für dich – ich behaupte mal, das wollen grundsätzlich alle Eltern. Doch mache dir bewusst: Ihr Verhalten dir gegenüber war größtenteils ebenfalls unbewusst und geprägt durch die Erfahrungen ihrer eigenen Kindheit. Und bitte überlege einmal, wie deine Eltern aufgewachsen sind. Viele von ihnen haben, je nachdem wie alt du bist, noch Strafen und Züchtigung erfahren oder sind gar in Kriegs- oder Nachkriegszeiten groß geworden. Das soll keine Entschuldigung sein, sondern vielleicht zu einem besseren Verständnis deinerseits beitragen und dir ermöglichen Frieden zu schließen, solltest du noch Vorwürfe und Unverständnis deinen Eltern gegenüber in dir tragen. Das bedeutet nicht, dass du alles gutheißen sollst, was dir widerfahren ist. Nein, aber im Unfrieden damit zu sein, wie du erzogen wurdest und Emotionen wie Wut,

Enttäuschung und vielleicht sogar Hass weiterhin aufrechtzuerhalten und mit dir herumzutragen, schadet in erster Linie dir selbst, ändert nichts und trägt auch nicht dazu bei, dass du ein glückliches Leben führen kannst.

Eine wunderbare Möglichkeit, um inneren Frieden zu finden, ist folgendes Ritual: Such dir ein ruhiges Plätzchen und schreib dir alles von der Seele, was dich noch belastet und womit du nicht in Frieden bist. Lass deinen Stift alles aufs Papier bringen, was heraus will. Ohne zu überlegen, lässt du alles raus. Alle Vorwürfe, Anklagen, Emotionen – halte dich nicht zurück. Wenn nichts mehr kommt, nimm wahr, wie du dich fühlst. Allein das Aufschreiben kann sehr erleichternd sein. Bist du nun bereit, das alles loszulassen? Wenn ja, dann falte diesen „Brief" zusammen und übergib ihm dem Feuer. Zünde ihn an (natürlich in einer feuerfesten Schale und am besten draußen).

Wenn du spürst, dass du noch nicht bereit bist, dann schau, wie es wäre, wenn du bereit wärst. Wie fühlst du dich jetzt? Bist du jetzt bereit?

Wenn nein, spüre in dich rein, was du noch brauchst?

Vielleicht will noch etwas vervollständigt werden, oder braucht dein inneres Kind noch etwas Zuwendung? Das kannst nur du ihm geben. In uns allen steckt unser inneres Kind, mit all seinen Verletzungen, seinem Schmerz, unerfüllten Bedürfnissen aus der Kindheit. Wende dich dem kleinen Kind in dir zu. Fühle es. Was fühlst du in dir? Bist du traurig, wütend, fühlst du dich alleingelassen, nicht verstanden? Was immer du fühlst, gib den Gefühlen Raum. Nimm sie wahr. Es kann sein, dass du diese Gefühle auch körperlich wahrnimmst - vielleicht spürst du im Bauch eine Unruhe, ein Kribbeln oder einen Druck in der Brust? Wenn du magst, leg eine Hand auf die Stelle, an der du die körperliche Reaktion wahrnimmst. Vielleicht verändert sich bereits durch die Verbindung mit deiner Hand das Gefühl. Dann nimm das kleine Kind in dir in den Arm. Nimm dich in den Arm. Du kannst dabei die Arme um dich legen, wenn du magst, oder deine Hand auf dein Herz legen. Sprich innerlich oder gerne auch laut zu dem kleinen Mädchen, dem kleinen Jungen in dir: „Ich fühle dich, mit all deinen Verletzungen und dem Schmerz. Es tut mir leid, dass du so viel tragen musstest. Jetzt bist du nicht mehr allein. Ich bin bei dir. Und ich liebe dich." Dabei können viele Emotionen freigesetzt werden und Schmerz ins Fließen kommen. Lass es zu. Gib dich dem Prozess hin.

Und schau, wie du dich danach fühlst? Ich habe hier nur eine kleine Übung mit dem inneren Kind dargestellt. Die

Arbeit mit dem inneren Kind ist ein größeres Feld und umfasst oftmals noch tiefergehende Prozesse. Jedoch habe ich selbst und mit meinen Coachees auch allein mit dieser Übung wunderbare Erfahrungen gemacht.

Deinen Fokus vorwiegend in die Vergangenheit zu richten, und dich darüber zu beklagen, was alles nicht gut gelaufen ist, hält dich in der Vergangenheit fest. Wir können an unserer Vergangenheit nichts mehr ändern. Jedoch können wir etwas ganz Wesentliches – wir können entscheiden, wie wir jetzt damit umgehen wollen.

Sich zum Opfer der Kindheit, der Umstände, des Chefs, der Regierung und was weiß ich noch alles zu machen, schwächt dich. Du gibst Verantwortung ab und wenn du Verantwortung abgibst, gibst du deine Macht ab.

Dadurch hältst du dich in deinem Leid gefangen und bewegst dich in einer Abwärtsspirale nach unten. Dein Energiepegel wird es schwer haben zu steigen, sondern fällt. Dein Leiden wird keine höheren Emotionen wie Freude, Lust, Leichtigkeit, Frieden in dir entstehen lassen, sondern weitere niedrigere Emotionen wie Frustration, Ärger, Enttäuschung erschaffen.

Das Leben liefert uns genau das, was wir aussenden. Wenn wir ungelöste und angestaute oder unterdrücke

Gefühle und Traumata in uns haben, werden wir mit Situationen konfrontiert werden, die uns ermöglichen diese Gefühle und Traumata zu lösen. Das können wir nicht mehr in der Vergangenheit, die ist vorbei, das können wir nur im Hier und Jetzt. Doch anstatt uns dieser Gefühle zu stellen, versuchen wir stattdessen oft, Konflikten aus dem Weg zu gehen. Wir wollen das Leben kontrollieren und die Menschen ändern, die unsere ungelösten Emotionen triggern, um uns vor dem Schmerz zu schützen, der dadurch berührt wird. In jeder Situation, die dich emotional triggert, hast du etwas zu lösen. Höre auf, mit dem Finger auf andere zu zeigen, weil sie dich durch ihr Verhalten verletzen. Du bist verletzt, und zwar nicht durch diese Person, sondern sie löst dieses Gefühl in dir aus, das schon lange in dir wohnt. Im Grunde darfst du dafür dankbar sein, dass sie dich triggert, denn dadurch hast du jetzt die Möglichkeit, es zu heilen.

Doch anstatt innezuhalten, den Schmerz zu fühlen, ihm Raum zu geben damit er heilen kann, konfrontieren wir unser Gegenüber häufig mit Vorwürfen wie:

“Du verletzt mich, du ärgerst mich, du machst mich wütend, du gibst mir das Gefühl, dass …, du enttäuschst mich, du bist schuld, weil ... "Diese Liste ließe sich endlos fortsetzen.

Wo bist du denn bei solchen Worten mit deiner Aufmerksamkeit? Bei dir oder bei der Person, an die du die Anschuldigung richtest? Es geht niemals um Schuld! Niemand ist schuld daran, wie du dich fühlst. Es sind deine Gefühle. Wie soll dir denn jemand ein Gefühl geben? Gefühle entstehen nur in dir selbst: Du bist verärgert, du bist enttäuscht, du bist wütend. Ja, mag sein, dass du das alles bist aufgrund des Verhaltens einer Person – doch was hat das mit dir zu tun?

Hol deine Aufmerksamkeit zurück zu dir in solchen Situationen und schau, welche Verletzung in dir sich gerade meldet. Wurdest du in der Vergangenheit ignoriert, respektlos behandelt, benutzt, beschimpft, kritisiert? Ja, das tut weh und du kennst diese Gefühle. Machst du immer wieder dieselben Erfahrungen und ziehen sich diese wie ein roter Faden durch dein Leben, dann darfst du dich mit diesen Gefühlen auseinandersetzen. Fühle diesen Schmerz. Nimm einen tiefen Atemzug, lege deine Hand auf dein Herz und verbinde dich mit deiner Verletzung. Gib dem Raum, was gesehen und geheilt werden will. Nur du kannst dich heilen, indem du dich dir zuwendest. Bleib ein paar Minuten in der Verbindung mit deinem Herzen. Du wirst nach einiger Zeit spüren, wie es ruhiger wird in dir.

Setze die Krone deiner Eigenmacht wieder auf und nimm das Zepter in die Hand. Wenn dir etwas nicht gefällt in deinem Leben, dann schau, ob du etwas ändern kannst. Wenn ja, geh es an.

Wenn nicht, lohnt es sich nicht, dagegen anzukämpfen oder sich zu ärgern.

Gegen etwas anzukämpfen, was dir nicht gefällt, ist sinnlos. Kampf bedeutet immer Stress für deinen Körper. Wenn du im Stressmodus bist, ist ein bestimmter Teil deines Gehirns aktiv und schüttet Stresshormone aus. Dein Körper ist angespannt, dein Herz schlägt schneller, dein Atem ist flacher. In diesem Zustand fällt es dir schwer, bewusst eine Entscheidung zu treffen, kreativ zu sein und eine andere Perspektive einzunehmen. Der Bereich deines Gehirns der für Kreativität, logisches Denken und Entscheidungen zuständig ist, ist in diesem Moment in seiner Aktivität eingeschränkt. Das ist ein sinnvoller Mechanismus, der zu Urzeiten dein Überleben gesichert hat. Die Natur hat dafür gesorgt, dass dein Körper sofort reagiert wenn Gefahr lauerte. Stell dir vor, du hättest erst überlegt, ob du nun wegrennen sollst, wenn ein Säbelzahntiger dir auflauerte und dich als seine Mittagsmahlzeit im Visier hatte; bis du dich entschieden hättest, wärst du längst verspeist gewesen.

Wenn du in deinem Leben gegen etwas kämpfst, ist es für deinen Körper so, als ob du einem Säbelzahntiger begegnest. Es werden dieselben Stresshormone ausgeschüttet, weil dein Gehirn die Situation als Gefahr wahrnimmt.

Stell Dir jetzt vor, du kämpfst in deinem Leben wiederholt gegen irgendetwas an. Bist unzufrieden mit Situationen, beklagst und ärgerst dich. Durch ein solches Verhalten und eine Opferhaltung öffnen sich keine neuen Perspektiven für dich. Schau lieber genau hin: Was löst denn wirklich den Stress aus?

Nicht die Situation entscheidet über deine Emotionen, sondern deine Bewertung darüber.

Und diese Bewertung darüber, wie du eine Situation einordnest, rührt aus deinen vergangenen Erfahrungen. Jede Erfahrung, die du gemacht hast in deinem Leben – und ganz besonders diejenigen, die sehr emotional für dich waren, hinterlassen ein Abbild in deinem Kopf. War die Erfahrung freudig und löste ein positives Gefühl aus, wirst du ähnliche Situationen positiv bewerten. Assoziiert dein Gehirn hingegen die Situation mit einer „negativen“ Erfahrung aus deiner Vergangenheit, wird dieses Gefühl in dir getriggert und dementsprechend bewertet. Das Spiel geht bei jedem ähnlichen Ereignis von Neuem los. Alle schmerzvollen Erfahrungen aus deiner Vergangenheit und die damit verbundenen Gefühle wollen geheilt werden. Dazu dienen dir jetzige Situationen, gegen die du vielleicht noch ankämpfst - doch das musst du nicht! Heiße deine Wut, deine Verärgerung, deine Hilflosigkeit oder deinen Schmerz willkommen und übe dich darin, die Dinge nicht mehr zu bewerten. Das braucht Zeit und vor allem eine erhöhte Achtsamkeit. Wie bei allem, was du verändern möchtest, musst du es dir erst einmal bewusst werden, was genau du verändern möchtest. Wenn du mitbekommst, dass du den Situationen einen Stempel aufdrückst – gut, schlecht, schlimm, tragisch, böse ... -, dann halte inne, atme ein paar Mal tief durch. Distanziere dich von der Situation innerlich, indem du dich in die Position eines Beobachters begibst. Verhalte dich so, als ob du neben dir stehst und dich selbst beobachtest. Sag dir dann: Ist ja interessant, da bin ich ja erstaunt, wie ich die Situation bewerte und emotional reagiere. Dadurch gelangst du in kurzer Zeit raus aus der Emotion und bringst deinen Körper wieder ins Gleichgewicht. In dieser Annahme und Entspannung eröffnen sich neue Möglichkeiten. Im Widerstand nicht.

Als mein jüngster Sohn, bedingt durch seine Herzerkrankung nicht mehr die Kraft hatte, Schlagzeug zu spielen, was seine große Leidenschaft war - und er war ein absolutes Talent - war er natürlich traurig darüber und es hat ihn geschmerzt. Er durfte bislang mit seinem Schlagzeuglehrer in dessen Band bei Auftritten mitspielen – was eine große Ehre und Anerkennung für ihn war. Auch ich war stolz, und freute mich riesig für ihn, dass er bei den vielen Dingen, die er nicht konnte, jetzt eine Möglichkeit hatte, dabei zu sein und sein Talent zu leben. Umso größer war der Schmerz, als er auch das loslassen musste. Er fiel jedoch nicht ins Jammern und Klagen, sondern traf die Entscheidung: „Dann spiel' ich eben E-Gitarre".

Er hat mich damals tief beeindruckt. Sein ganzes Leben war geprägt von Situationen, die herausfordernd waren und durch seine Herzerkrankung war er sehr gehandicapt bei vielem, was er gerne machen wollte. Fußballspielen, Fahrradfahren ..., alles, was Jungs in seinem Alter eben gerne machen, ging nicht. Und er hatte trotz allem Freude am Leben. Er hat sich auf das konzentriert, was ging und immer nach Möglichkeiten Ausschau gehalten.

Damit war er mir ein großer Lehrmeister. Ich kann mich noch an eine Situation erinnern, als wir in Tübingen in der Klinik saßen und stundenlang auf den Untersuchungstermin warteten. Ich wurde immer unruhiger, schaute ständig auf die Uhr und ärgerte mich, weil es so lange dauerte. Schließlich hatte ich noch einen Termin in der Praxis und wollte natürlich pünktlich zurück sein. Er saß ruhig neben mir und als ich ihn fragte, ob ihm die Warterei denn nichts ausmachen würde, zuckte er mit den Schultern und antwortete: „Was nützt es denn?" Recht hatte er.

Nimm an, wogegen du bisher angekämpft hast.

Das betrifft vor allem auch Eigenschaften, die dir an dir nicht gefallen und die du gerne verändern möchtest. Dich darüber zu ärgern, dass du so bist, wie du bist, wird nichts verändern, sondern das, worauf du deine Energie richtest, noch verstärken. Im Widerstand hältst du alles fest was ist, weil die ganze Energie und Aufmerksamkeit dahin fließen. Annehmen ist der erste Schritt zur Veränderung. Wenn du wahrnimmst, dass du dich oder eine Situation nicht annehmen kannst oder willst, dann nimm erst einmal den Widerstand dagegen an. Du wirst sehen, dass die Spannung im Körper sofort verschwindet.

Dann schaue, wie du gerne sein möchtest.

Stell dir vor, wie es wäre, wenn du schon so wärst, wie du sein möchtest. Welches Gefühl löst diese Vorstellung in dir aus? Tauche ein in dieses Gefühl. Anschließend werde zu dieser Version deiner Selbst, Schritt für Schritt. Hol dir jeden Tag dieses Bild von dir in dein Bewusstsein. Werde dir darüber bewusst, welche Eigenschaften, Verhaltensweisen und Gewohnheiten du anstrebst, zu haben und zu leben und übe dich darin, so zu handeln und zu sein, wie du es gerne wärst. Und vor allem – sei milde mit dir und geduldig.

Du kannst dir immer die folgenden Fragen stellen, wenn dir etwas nicht gefällt:

Kann ich etwas ändern?

Wenn ja, warum ärgere ich mich dann?

Wenn nein, warum ärgere ich mich dann?

Als einzige Spezies auf dieser Welt haben wir die Fähigkeit, bewusst Entscheidungen zu treffen. Was für ein Privileg. Wir sollten es auch nutzen.

## Ernährung & Glück

Was hat Ernährung mit Glück zu tun?

Der Mensch ist, was er isst.

Diesen Spruch hast du bestimmt auch schon gehört. Als ich mich vor ca. 30 Jahren intensiver mit Ernährung auseinandergesetzt habe, verstand ich so langsam, was dieser Spruch genau bedeutet, und entdeckte mehr und mehr, wie sich unsere Nahrung auf unseren Energielevel und unseren Gemütszustand auswirkt.

Über Ernährung wird und wurde schon viel geschrieben. Wir alle wissen, dass wir uns gesund ernähren sollten. Ich will hier jetzt nicht mit einem Ernährungsratgeber weitermachen – die gibt es zur Genüge, sondern will dir ein paar Informationen mitgeben, weshalb es Sinn ergibt, zu reflektieren, was du so jeden Tag zu dir nimmst, und wie sich unsere Ernährung auf unseren physischen und psychischen Zustand auswirkt.

Wie du lebst und dich fühlst, liegt mitunter auch daran, wie deine Ernährung und dein Essverhalten aussehen.

Hast du dich schon mal so richtig vollgefressen? (Sorry für meine Ausdrucksweise …) Drücken wir es ein wenig milder aus: Hast du schon einmal zu viel gegessen, weil es so gut schmeckte, obwohl du bereits satt warst. Konntest du auch schon einmal der Crème brûlée, der Mousse au Chocolat oder Panna Cotta auf dem Nachtischbuffet nicht widerstehen, auch wenn dein Bauch bereits spannte? Und wenn ja, hast du dich nach dieser Völlerei wohlgefühlt? Sicher nicht! Vermutlich hast du dich, als du mit dieser Völlerei fertig warst und dich danach zum Schlafen hingelegt hast, in deinem Bett von einer Seite auf die andere gewälzt, weil du nicht schlafen konntest. Du hast dich geärgert, weil du so viel gegessen hast, und dir eingeredet, dass dir das nie wieder passiert. Morgens bist du wie gerädert aufgewacht, kamst kaum aus dem Bett und schlepptest dich so durch den Tag – träge und nicht wirklich gut gelaunt (ich kenne diese Situation jedenfalls).

Falls du jetzt denkst: „Man muss das Leben doch auch genießen!“, dann stimme ich dir zu.

Genuss ist wichtig, keine Frage – jedoch auch hier gilt: Entscheide bewusst. Lass dich nicht von deinen Gelüsten, von Nahrungsmitteln oder Gewohnheiten steuern. Doch das ist nicht so einfach, wie es klingt: Denn es sitzt nicht nur ein Engelchen auf deinen Schultern, das dich darin bestärkt, den Nachtisch stehen zu lassen, sondern auch Teufelchen. Und das Teufelchen wird zu dir sagen: „Ach komm, du kannst doch nicht auf die leckeren Sachen verzichten. Probiere doch wenigstens etwas davon. Morgen hast du das alles nicht mehr. Und außerdem hast du ja sowieso schon ordentlich zugelangt heute Abend, dann kommt es auf das bisschen Nachtisch auch nicht mehr darauf an."

Ganz ehrlich, wie oft gewinnt das Teufelchen? Meistens – weil der Mensch so gepolt ist, dass er primär danach strebt, Schmerz zu vermeiden. In diesem Moment bedeutet der kurzfristige Verzicht Schmerz. Daran, was morgen ist, denken wir in einer solchen Situation kaum. Du kannst allerdings diesen Mechanismus unterbrechen, indem du dir in solchen Situationen innerlich die Frage stellst:

Willst du kurzfristigen Genuss – indem du deinen Gelüsten auf die Leckereien nachgibst? Halte dir vor Augen: kurzfristig ist kurzfristig – denn der Genuss dauert nur so lange, bis das Mousse au Chocolat weggeputzt ist! Oder bist du bereit, lieber langfristigen Genuss zu erfahren und dafür den kurzen Schmerz zu akzeptieren? Mit langfristigem Genuss meine ich damit, dass du dich am nächsten Tag fitter, wacher, klarer fühlst (und natürlich auch Kalorien sparst). Du entscheidest. Wenn du dich für den kurzfristigen Genuss entscheidest, ist das in Ordnung, solange du dich bewusst dafür entscheidest. Das heißt, du übernimmst die Verantwortung dafür, dass es dir womöglich am nächsten Tag nicht so gut geht. Wenn du das in Kauf nehmen willst, bitte – es ist deine Entscheidung. Triff sie bewusst und halte das Zepter in der Hand.

Doch es geht nicht nur um Genuss und Schmerz bei der kurzfristigen Entscheidung für oder wider Mousse au Chocolat. Nein, es steckt mehr dahinter. Deshalb habe ich gleich ein Sprichwort für dich, das dir verdeutlichen soll, was ich meine. Ach ja, weshalb ich öfter mit Sprichwörtern daher komme ist, weil ich finde, dass immer etwas Wahres darin steckt. Die Menschen, die diese Sprichwörter erfunden haben, hatten in meinen Augen eine hohe Beobachtungsgabe und eine Weisheit, die sich darin ausdrückt.

“Der Darm geht mit den Hühnern schlafen“ ist zum Beispiel wieder solch ein kluges Sprichwort, das seine Berechtigung hat.

Lass uns bei obigem Beispiel bleiben. Dein Darm muss in der ganzen Nacht deine Nahrung verdauen und tut sich dabei ziemlich schwer. Nach dem Essen wird Insulin von der Bauchspeicheldrüse ausgeschüttet, um den Zucker aus der Nahrung in die Zellen zu transportieren. Insulin ist jedoch der Gegenspieler von Melatonin – das Schlafhormon - somit wird weniger Melatonin ausgeschüttet und das führt dazu, dass du nicht schlafen kannst. Nach der traditionellen chinesischen Medizin hat jedes Organ seine spezifische „Arbeitszeit“, das bedeutet, dass es in dieser Zeit am besten und am effektivsten arbeitet. Das ist beim Darm nicht abends um 22.00 Uhr, sondern zwischen 5.00-7.00 Uhr in der Früh.

Somit liegt deine Nahrung schwer in deinem Bauch, hindert dich am Schlafen und wird nicht richtig verdaut. Dein ganzer Organismus wird belastet und du fühlst dich am nächsten Tag ziemlich träge. Ich will dir jetzt keineswegs das Essen vermiesen, sondern dich einladen, bewusster zu wählen, was du wann zu dir nimmst.

Übrigens, nebenbei wird im Darm ein großer Teil von Serotonin gebildet – das Glückshormon. Ist der Darm zu stark belastet, tut er sich mit der Serotoninproduktion ziemlich schwer.

Vielleicht kennst du das auch, dass du nach dem Mittagessen so richtig müde wirst, du gähnst wiederholt vor dich hin und würdest dich zu gerne auf die Couch legen,

Füße hoch und eine Runde schlafen. Das ist Ausdruck davon, dass du entweder zu viel, oder etwas gegessen hast, was dir nicht guttut. Deine Energie wandert in deinen Bauch, um zu verdauen. Sie fehlt dir dann in deinem Kopf und lässt dich müde werden. Oder dein Körper setzt sich mit dem auseinander, was er nicht verträgt, und braucht hierzu die gesamte Energie – das Ergebnis ist dasselbe.

Auf der anderen Seite kennen wir alle das Elf-Uhr-Loch. Deine Zuckervorräte vom Frühstück sind aufgebraucht und deinem Gehirn steht kaum noch Energie zur Verfügung. Das passiert, wenn dein Frühstück hauptsächlich aus kurzkettigen Kohlenhydraten besteht, wie z. B. Brötchen aus Weißmehl und Marmelade. Denn dein Gehirn ernährt sich hauptsächlich von Glucose (Zucker). Bei einem kohlenhydratlastigen Frühstück wird eine ordentliche Ladung Glucose ins Blut abgegeben, die jedoch schnell verbraucht ist. Bereits nach kurzer Zeit steht deinem Gehirn dann keine Energie mehr zur Verfügung - du fällst in das Vormittagsloch.

Materie besteht zu 99,9999999999 % aus Energie und damit unsere Nahrung eben auch. Industriell stark verarbeitete Nahrungsmittel (Weißmehlprodukte, Zucker, Süßigkeiten, Fertigprodukte …) sind im Grunde „tote“

Energie. Bei diesen Produkten wurde so viel vom natürlichen Zustand wegverarbeitet, dass wir nicht von Lebensmitteln, sondern von Nahrungsmitteln sprechen können. Wie kannst du lebendig, gesund und energievoll sein, wenn du „tote“ Nahrungsmittel zu dir nimmst?

Ich kann dir aus meiner Praxis zahlreiche Beispiele nennen, bei denen sich die Beschwerden und Symptome der PatientInnen durch eine Ernährungsumstellung in kurzer Zeit verbessert haben und zum Teil verschwunden sind. Diabetes, Bluthochdruck, Gelenkbeschwerden, Kopfschmerzen, depressive Verstimmungen, um nur einige zu nennen. Unsere Ernährung ist so viel mehr als nur Kalorien und Energie für unseren Körper.

Ich lade dich deshalb ein, dein Essverhalten und deine Ernährung einmal unter die Lupe zu nehmen, indem du dir einen, oder am besten mehrere Tage lang, alles notierst, was du dir den ganzen Tag in den Mund steckst. Dadurch wird dir bewusst, was da so alles zusammenkommt und vielleicht sogar schon zur Gewohnheit geworden ist, und dir nicht wirklich guttut. Der Schokoriegel nach dem Mittagessen vielleicht, der Kuchen zum Nachmittagskaffee, die Chips am Abend vor dem Fernseher. Dann fange an, auf das Ein oder Andere zu verzichten, und schau, wie du dich fühlst. Meine Erfahrung mit meinen Klientinnen und Klienten ist, dass schon durch die Entscheidung, die Dinge aufzuschreiben, sich ihr Essverhalten häufig verändert. Auf den Schokoriegel verzichten sie beispielsweise, weil ihnen bewusst wird, dass sie eigentlich gar keine Schokolade wollen, sondern sich einfach nur eine Gewohnheit eingeschlichen hat, nach dem Mittagessen etwas Süßes zu essen. Gewohnheiten können geändert werden. Wie wäre es mit einem Stück Obst?

Meine Ernährungs-Empfehlung ist eine vitalstoffreiche, naturbelassene Kost möglichst aus biologischem - am Besten saisonalen und regionalen Anbau - mit reichlich Obst, Gemüse, guten Ölen, Nüssen und nur wenig Kohlenhydraten mit niedrigem glykämischem Index, wie Vollkornprodukte, Reis, Kartoffeln und Hülsenfrüchte. Diese Lebensmittel halten deinen Blutzucker konstant und liefern dir die nötige Energie. Dazwischen 4–5-stündige Fastenphasen – d. h. schiebe dir nicht permanent etwas in den Mund, sondern verteile dein Essen auf drei Mahlzeiten/Tag. Dazu solltest du während der Essenspausen viel Wasser trinken. Gutes tust du dir, wenn du auch öfter mal auf das Abendessen verzichtest.

Vor allem in den Fastenphasen hat dein Körper Zeit, sich von allem, was sich an Toxinen (Giftstoffen) angesammelt hat, zu reinigen und deine Zellen zu regenerieren. Das kann er nicht, wenn du ihm durch ständigen Nahrungsnachschub dauernd Arbeit lieferst. Die Ausschüttung der Wachstumshormone werden in den Fastenpausen stimuliert und die Mitochondrien (das sind die Kraftwerke in unseren Zellen) regeneriert. Wachstumshormone sind am Stoffwechsel von Muskeln, Knochen, Haut und inneren Organen beteiligt und an der Regulation des Blutzuckerspiegels. Die Mitochondrien liefern dir nicht nur Energie, sondern stimulieren u. a. das Absterben kranker oder entarteter Zellen. Schon deshalb lohnt es sich, Essenspausen einzulegen.

Und da sich Toxine hauptsächlich im Fettgewebe ablagern, können durch eine erhöhte Fettverbrennung durch Essenspausen, Toxine gelöst und ausgeschieden werden. Wie bereits erwähnt, ist dabei wichtig, viel Wasser zu trinken.

Vielleicht hast du schon mal richtig gefastet? Wenn ja, erinnerst du dich, wie du dich währenddessen und danach gefühlt hast? Wenn du Menschen fragst, die einige Zeit auf feste Nahrung verzichtet haben, werden dir die meisten von ihnen von zunehmender Energie, Leichtigkeit, geistiger Klarheit, Kreativität und Lebensfreude berichten. Der Körper reinigt sich in dieser Zeit von Altlasten (nicht nur physisch), und die Energie, die normalerweise für die Verdauung verwendet wird, wird frei und steht anderen Bereichen, wie z. B. dem Gehirn zur Verfügung. Dein Gehirn kann wieder vermehrt Stoffe produzieren, die für Gesundheit, Freude, Glück sorgen.

Solltest du den Wunsch verspüren, ein paar Tage oder eine ganze Woche fasten zu wollen, empfehle ich dir, nicht allein zu fasten, sondern dich einer Fastengruppe unter Anleitung und Betreuung anzuschließen (das wird oft von Volkshochschulen angeboten) oder dich an eine erfahrenen Fastenarzt oder -Ärztin oder Heilpraktiker*In zu wenden. Gerne kannst du dich auch an mich wenden. Beim Fasten können eventuell in den ersten Tagen durch die freigewordenen Toxine, Kopfschmerzen, Unwohlsein oder andere Symptome auftreten, die aufgefangen werden sollten. Wenn du unter bestimmten Krankheiten leidest oder Medikamente einnimmst, sollte auch das vorher abgeklärt werden. Bitte mache dir stets bewusst: Wir essen, um zu leben, wir leben nicht um zu essen!!!

Viele von uns essen leider auch viel zu schnell und nehmen gar nicht mehr wahr, wie das Gericht auf ihrem Teller wirklich schmeckt.

Vielleicht magst du deine Mahlzeit einmal schön zelebrieren, indem du

· eine Kerze anzündest

· dich bedankst

· NUR isst (nichts anderes machst)

· gut kaust (den Bissen ca. 20–25 Mal)

· genießt

Das ist eine wunderbare Übung für Achtsamkeit.

## Sport und Bewegung

Solltest du zu den Menschen gehören, die regelmäßig Sport betreiben, dann bestätigt dich dieses Kapitel sicher zu einem großen Teil in deinen Erfahrungen. Sofern du noch keinen Sport treibst und dich vielleicht auch eher wenig bewegst, dann hoffe ich, dass meine nun folgenden Ausführungen dich motivieren, damit anzufangen, Sport und Bewegung in dein Leben einzubauen.

Noch vor ca. 100 Jahren haben Menschen viel körperliche Arbeit geleistet. Ihre Muskeln waren ständig im Einsatz, dadurch haben sie deutlich mehr Kalorien verbraucht als heutzutage und dazu noch spärlich gegessen. Übergewicht war eine Ausnahme.

Bis vor ca. 10.000 Jahren haben unsere Vorfahren - die Jäger und Sammler - ca. 25 km pro Tag zurückgelegt.

Sie ernährten sich hauptsächlich von Beeren, Wurzeln, Kräutern und den Tieren, die sie erlegt haben. Ihr Körper war muskulös und kraftvoll. Dann wurden die Menschen sesshaft und haben Getreide angepflanzt. Bis vor 100 Jahren haben unsere Großeltern und Urgroßeltern noch viel muskuläre Arbeit geleistet. Dadurch haben sie die Kohlenhydrate aus den Getreideprodukten wie z. B. Brot verbraucht.

Dank der Industrialisierung (sie hat ja viel Gutes, darum geht es hier gar nicht) haben uns Maschinen viel dieser körperlichen Arbeit abgenommen. Leider hat das auch negative Auswirkungen. Ein großer Teil der Bevölkerung übt heutzutage eine sitzende Tätigkeit aus. Das ist wider unsere menschliche Natur und hat, wie wir alle täglich durch die Medien mitbekommen, gravierende Folgen. Zwei Drittel der Männer und über die Hälfte der Frauen in Deutschland haben Übergewicht. Und über 60 % der Bevölkerung leiden an chronischen Rückenschmerzen.

Dazu kommen der ganze Stress und Druck unserer Leistungsgesellschaft.

Und jetzt sollen wir auch noch Sport machen, wo wir doch sowieso mit unserer zur Verfügung stehenden Zeit nicht zurechtkommen!

Ich möchte dich mit diesem Kapitel nicht noch zusätzlich unter Druck setzen, sondern dich einladen, deiner Natur zu folgen: Bewege dich! Wir haben heute vorwiegend eine sitzende Tätigkeit und verbrauchen praktisch keine Kalorien mehr durch Muskelarbeit (bestimmte Berufe natürlich ausgenommen), es sei denn, wir machen Sport. Unser Organismus ist noch so eingestellt wie zur

Zeit der Jäger und Sammler, sodass wir Bewegung brauchen, damit unser Stoffwechsel funktioniert.

Wusstest du, dass Muskeln unsere stärkste Stoffwechselfabrik sind? Um hier einige wichtige Funktionen zu nennen: Sie erhöhen die Sauerstofftransportkapazität im Blut, sorgen für eine bessere Sauerstoffversorgung im Körper und produzieren Myokine – das sind hormonähnliche Botenstoffe, die sich positiv auf Entzündungen im Körper auswirken und das Immunsystem regulieren. Zudem sorgen sie für eine bessere Fettverbrennung. Besonders das Bauchfett steht heute im Verdacht, im Körper Entzündungen hervorzurufen. Dass sich besonders im Fettgewebe Toxine ablagern, erwähnte ich ja bereits im vorherigen Kapitel. Somit trägst du durch Sport auch zur Ausscheidung der Toxine bei. Nicht zu verachten ist der Einfluss der Myokine auf unser Nervensystem. Sie unterstützen die Neubildung von Neuronen, dadurch kann sich dein Gehirn neu verschalten. Es fällt dir leichter, neue Netzwerke in deinem Gehirn zu bilden und damit auch, neuen Glaubenssätzen und Gewohnheiten zu etablieren.

Heute legt der Durchschnittsmensch nur noch ungefähr 800 m pro Tag zurück! Vom Bett zur Dusche, von der Dusche zum Frühstückstisch, vom Frühstückstisch zum

Auto. Vom Auto zum Büro und abends wieder zum Auto und in die Wohnung bzw. ins Haus. Da kommt nicht viel zusammen! Zuwenig Bewegung ist Gift für einen gesunden Stoffwechsel bzw. für deinen Körper nicht wirklich gut und für das Gemüt schon gar nicht. Mangelnde Bewegung lässt uns träge und trübsinnig werden. Dem kannst du entgegenwirken, indem du anfängst, dich zu bewegen und Sport zu treiben. Die schnell spürbaren positiven Auswirkungen werden dir dazu verhelfen dranzubleiben.

Ein wunderbarer Effekt, der durch regelmäßige körperliche Aktivitäten entsteht, ist, dass dein Gehirn die Glückshormone Dopamin, Serotonin und Endorphine ausschüttet. Dies nicht nur, wenn du dich akut bewegst, sondern sie bleiben auch noch nach dem Sport über längere Zeit präsent. Es wird dir jede(r) bestätigen, der Sport treibt - und vielleicht hast du ja auch die Erfahrung selbst schon gemacht - dass du dich hinterher wesentlich besser fühlst.

Serotonin ist als das Wohlfühlhormon bekannt. Durch die Ausschüttung stellt sich ein Gefühl innerer Zufriedenheit ein. Dopamin kann als Stimmungsbooster bezeichnet werden. Es verstärkt impulsives Verhalten und Motivation und löst ein Gefühl der Freude und Euphorie aus. Endorphine haben in erster Linie eine schmerzlindernde und beruhigende Wirkung, was dir besonders auch in Stressphasen zugutekommt und es fördert auch Freude und das Empfinden von Glück.

Jedoch ist die Wirkung dieser Glückshormone nicht nur auf die aktive Bewegung beschränkt, sondern bei regelmäßigem Training erhöht sich deren Konzentration dauerhaft in vielen Regionen des Gehirns, was eine nachhaltige Steigerung von Zufriedenheit, Glücksempfinden und Klarheit auslöst. Erfahrungsgemäß lassen sich selbst Depressionen durch regelmäßigen Sport positiv beeinflussen.

Auch eine Senkung des Stresshormons Cortisol wird durch regelmäßige Bewegung erzielt, wodurch sich unsere Stresstoleranz nicht nur physisch, sondern auch psychisch erhöht.

Ich kann heute von mir sagen: Ich bin fit. Doch das war nicht immer so.

Denn lange Zeit habe ich gedacht: Sport ist Mord. Diesen Glaubenssatz hatte ich schon ziemlich früh in meinem Kopf etabliert.

Ich erinnere mich an meine Schulzeit. Ich hasste Sport. Leichtathletik war für mich der Horror. Ich quälte mich durch die Sportstunden, in der Pubertät hatte ich öfter meine Periode (öfter auf dem Zettel als Entschuldigung, als tatsächlich) und hätte im Leben nie geglaubt, dass ich mich eines Tages liebend gerne sportlich betätige.

Mein Turnaround in Richtung Sport kam mit Anfang dreißig. Eine frühere Nachbarin nahm mich mit zum Joggen. Sie war so begeistert und überredete mich, es doch auch einmal zu versuchen. Also ging ich mit. Anfangs keuchte ich wie eine alte Dampflok, hatte einen Kopf, der so rot wie eine Tomate war und schaffte am Stück ungefähr 300 m. Jedoch trieb mich wohl mein Ehrgeiz an und natürlich auch mein Stolz -ich wollte mir keine Blöße geben und machte immer weiter. Ich steigerte die Lauflängen langsam und machte immer weniger Gehpausen.

Nach ungefähr 4 Wochen konnte ich vier Kilometer am Stück laufen. Darüber war ich mächtig stolz und ich fing an, beim Laufen Freude zu empfinden.  Ich spürte tatsächlich nach dem Laufen eine Euphorie, die ich damals auf die Überwindung meines inneren Schweinehundes zurückführte – was sicherlich auch eine Rolle spielte.

Dass Serotonin und andere Glückshormone ausgeschüttet wurden, wusste ich damals noch nicht. Doch diese wunderbaren Hormone unterstützen mich dabei, dranzubleiben.

Heute nach dreißig Jahren laufe ich immer noch. Habe ich immer Lust? Nein, definitiv nicht, vor allem im Winter, wenn es noch dunkel ist und das Thermometer Minus-Grade anzeigt – meine Laufzeit ist morgens um 7.00 Uhr. Aber ich habe ein Ziel. Das kennst du ja bereits – fit und gesund zu bleiben bis ins hohe Alter - und deshalb überlege ich auch nicht, ob ich Lust habe oder nicht. Der Gedanke, nicht zu laufen, kommt zwar häufig kurz hoch – ich gebe ihm aber wenig Beachtung, ziehe meine Laufschuhe an und laufe los. Wenn ich unterwegs bin, habe ich immer Freude daran und bin glücklich, draußen zu sein. Ich fühle mich nach dreißig Jahren wesentlich fitter, gesünder und gelassener denn je, und kann dir nur ans Herz legen, auch regelmäßig Sport zu machen.

Fang dabei langsam an. Du musst nicht gleich einen Marathon laufen. Zu viel auf einmal zu wollen, hat eher einen gegenteiligen Effekt. Leicht, locker, entspannt soll es sein. Setz dich nicht unter Druck, steigere langsam dein Tempo und/oder die Dauer deiner Sporteinheit.

Zu Anfang genügen 15 - 20 Minuten, zwei- bis dreimal die Woche. Die Regelmäßigkeit macht's. Es ist wie mit allen Gewohnheiten. Eine Gewohnheit wird zur Gewohnheit durch regelmäßige Wiederholung. Bis sich in deinem Kopf Neuronen zu einem neuen Netzwerk verknüpft haben, das da heißt, an bestimmten Tagen Sport zu machen, musst du anfangs schon Disziplin aufbringen und deinen inneren Schweinehund überwinden. Teufelchen wird dich auch hier nicht in Ruhe lassen, bis es merkt, dass du nicht darauf hörst. Anerkenne dich dafür, dass du dich überwunden hast, indem du dich belohnst. Gönn dir eine schöne Massage, kauf dir ein neues Kleidungsstück, schau dir einen schönen Film an, geh ins Kino. Das steigert dein Durchhaltevermögen zu Anfang. Irgendwann wirst du nicht mehr darüber nachdenken, ob du nun hinausgehen sollst oder nicht. Teufelchen hat sich zurückgezogen und du machst es einfach. Es ist wie mit dem Zähneputzen. Du überlegst nicht, ob du heute Lust hast, Zähne zu putzen oder nicht, sondern putzt sie. So darf der Sport zu einer Gewohnheit für dich werden, die dir guttut und nebenbei noch Freude bereitet.

Was für eine Sportart für dich infrage kommt, darfst du selbst herausfinden. Nicht für alle ist Joggen geeignet, vor allem, wenn du mit dem Rücken Probleme hast oder mit den Gelenken. Vielleicht gehst du lieber Walken,

Schwimmen, Radfahren, Tanzen, Wandern oder was auch immer. Du wirst das für dich Passende finden.

Mit der Bewegung bewegst du nicht nur deinen Körper, sondern auch deine Gedanken.

Dein Kopf wird frei, klarer, deine Kreativität erhöht sich und es fällt dir leichter, neue Perspektiven einzunehmen. Vorausgesetzt du quatschst nicht ständig – falls du mit einer Freundin oder Freund zusammen Sport machst, oder dir Ohrstöpsel in die Ohren stopfst, um Musik zu hören oder irgendwelche Podcasts. Ich will dir keine Vorschriften machen (vielleicht ist es für dich auch stimmig, schöne Musik zu hören, oder dich zu unterhalten). Ich tendiere einfach dazu, beim Sport alle Reize loszulassen und die Natur zu genießen - zumal wir heute an einem Tag mehr Reizen ausgesetzt sind als der Neandertaler in seinem ganzen Leben. Zwölf Millionen Reize strömen pro Sekunde über die Sinne auf unser Gehirn ein. Unvorstellbar, oder? Dein Geist wird dir danken, wenn du ihm auch einmal ein bisschen Pause gönnst.

Besonders wir Frauen reden einfach gerne. Es ist auch schön, sich auszutauschen. Aber das können wir auch nach dem Sport machen – sofern wir überhaupt noch das Bedürfnis dazu haben, oder an einem anderen Tag. Manchmal ist Reden Silber und Schweigen Gold.

Entscheide bewusst, wie und mit wem du Sport machen möchtest.

Auch hier gilt: Lass dir von deinem Kopf keine Geschichten darüber erzählen, weshalb es heute nicht passt, das Wetter schlecht ist, oder dass du doch dafür keine Zeit hast – fang einfach an!

## Verbundenheit

Niemals geht es nur um dich. Wir sind energetische Wesen und weil alles, was existiert, reine Energie ist, sind wir durch unser Energiefeld mit allem verbunden.

Das, was du für dich tust, tust du nicht nur für dich, sondern für alle auf dieser Welt. Alles hat eine Wirkung – das, was du tust, sowie das, was du unterlässt. Sorgst du gut für dich und bist glücklich, dann hat das eine Wirkung auf dein Umfeld - deine Kinder, deinen Partner oder Partnerin, letztlich auf alle, mit denen du in Berührung kommst. Die wiederum strahlen ihre Energie in ihrem Umfeld aus und das hat eine Wirkung auf die Menschen, mit denen sie sich umgeben. Stelle es dir vor, als ob du einen Stein in einen See fallen lässt. Beim Eintauchen des Steines bewegt sich das Wasser nicht nur an der Stelle des Einwurfs, sondern zieht nach und nach mit immer größeren Wellenbewegungen durch den ganzen See.

Aus der Chaosforschung wissen wir, dass der Flügelschlag eines Schmetterlings tausende Kilometer entfernt einen Wirbelsturm auslösen kann.

So hat auch dein ganzes Sein eine Wirkung.

Meine tiefste Überzeugung ist, dass wir auf diese Erde kommen, um als energetische Wesen, die wir sind, in diesem Körper unsere Erfahrungen zu machen. Dass unser Bewusstsein schon davor und auch danach existiert und mit etwas viel Größerem, Höherem verbunden ist. Dass wir Teil dieses Größeren sind und wir diese Verbindung ganz deutlich spüren können, wenn wir tief mit uns verbunden sind.

Schöpfung, Universum, göttliche Energie – für mich drücken diese Wörter aus, was ich damit meine. Wenn das für dich zu abgehoben klingt, und/oder du damit nichts anfangen kannst, ist das auch ok. Du musst nichts glauben, aber vielleicht magst du trotzdem unvoreingenommen weiterlesen und dich für eine neue Sichtweise öffnen?

Erinnere dich an einen schönen Sonnenuntergang, den du beobachtet hast, vielleicht sogar am Meer. Du stehst am Strand, bist ganz still, beobachtest, wie die Sonne langsam am Horizont versinkt. Das Wasser und der Horizont färben sich in Rot- und Orangetönen. Du bist berührt von der Schönheit dieses Naturereignisses und genießt einfach diesen Augenblick. Oder du fährst mit deinem Auto die Landstraße entlang, es hat gerade geregnet und Sonnenstrahlen lassen am Himmel einen

Regenbogen entstehen. Du fährst rechts ran und Freude steigt in dir beim Anblick dieses wunderschönen Farbenspiels auf. In solchen Momenten sind wir ganz bei uns, alle Gedanken oder Sorgen sind plötzlich weg. Geht es dir nicht auch so, dass du dich in diesen Momenten mit der Magie der Schöpfung verbunden fühlst?

Ein anderes Beispiel folgt nun: Du hast gerade an jemanden gedacht und plötzlich klingelt das Telefon. Die Person, an die du gedacht ist, befindet sich an der anderen Leitung, oder läuft dir gar über den Weg. Zufall?? Ja – wenn ich Zufall so interpretiere, dass dir zufällt, was du aussendest, dann ist es natürlich Zu-fall, jedoch eine etwas andere Interpretation von Zufall, als wir in der Umgangssprache kennen.

Es gibt unzählige Beispiele von Menschen, die genau gespürt haben, wenn es einem nahen Angehörigen nicht gut ging oder etwas passiert ist. Wodurch haben sie das gespürt? Eine Klientin erzählte mir, dass sie eines Nachts aufschreckte, hellwach war und wusste, dass mit ihrer Mutter irgendetwas nicht stimmte. Sie konnte es sich nicht erklären, weshalb sie diese innere Gewissheit hatte. Vor ein paar Tagen hatte sie ihre Mutter noch besucht und es ging ihr gut. Unruhig wälzte sie sich im Bett und beschloss, sobald es hell war, sich ins Auto zu setzen und nach ihr zu schauen. Am nächsten Morgen, gerade als sie aufbrechen wollte, kam der Anruf von ihrem Bruder, dass ihre Mutter nachts in ihrem Bett friedlich eingeschlafen ist. Er hatte frei an diesem Tag und wollte ihr frische Brötchen bringen, da fand er sie tot in ihrem Bett.

Vor einigen Jahren war ich bei einem Vortrag, bei dem in der Pause ein Musiker Gitarre spielte. Mit seiner wunderschönen Stimme hat er ein Lied gesungen, das mich bis ins tiefste Mark berührte – es war das „Halleluja". Tränen liefen mir über die Wangen. Ich konnte mir damals nicht erklären, weshalb ich so berührt war. Dass dieses Lied mich in meiner Überzeugung einmal auf eine wundersame Art und Weise bestätigen würde, wusste ich zu dem damaligen Zeitpunkt nicht.

An einem kalten und regnerischen Februartag im Jahr 2013 lief ich vom Parkhaus des Universitätsklinikums in Gießen zum Eingang, um meinen Sohn zu besuchen, der seit einer Woche im Koma lag und nach seiner letzten großen Herzoperation um sein Leben kämpfte.

Auf dem Weg dahin spürte ich, dass heute irgendetwas anders war als die Tage davor.

Ich konnte es nicht definieren, aber ich hatte ein komisches Gefühl. Als ich den Flur der Intensivstation entlanglief, hörte ich schon Musik, die aus seinem Zimmer kam. Die Physiotherapeutin, hatte eine seiner Lieblings-CDs aufgelegt und war dabei, seinen Brustkorb zu stimulieren, um den Schleim zu lösen. Ich traute meinen Augen nicht: Er hatte zum ersten Mal nach der Operation die Augen auf. Er schaute mich nach acht Tagen der Angst, der Sorgen und der Verzweiflung an. Tränen der Freude und Erleichterung liefen mir über das Gesicht. „Er hat es geschafft." So dachte ich und sagte es ihm immer wieder: „Christoph, du hast es geschafft. Jetzt geht es aufwärts, du wirst wieder gesund."

Sein Zustand und die vielen Medikamente ließen nur zu, dass sich sein Mund zu einem leichten Lächeln verzog. Ich las ihm Briefe und Karten von Freunden, Mitschülerinnen und Mitschülern und Lehrern vor und war einfach nur glücklich.

Leider sollten sich meine Hoffnung und meine Zuversicht nicht bewahrheiten. Um zwölf Uhr wurden wir Angehörige, wie jeden Tag, in die Mittagspause geschickt. Die nächste Besuchszeit begann erst wieder um halb zwei. Hunger hatte ich nicht viel in dieser Zeit, wollte jedoch bei Kräften bleiben und ging in ein italienisches

Restaurant, um eine Kleinigkeit zu essen. Auf dem Rückweg zum Auto kam ich an einer Kirche vorbei. Ich hatte das Bedürfnis, hineinzugehen und lief die Treppe hinauf zur Eingangstür. Beim Betreten der Kirche empfand ich ein Gefühl der Geborgenheit. Ich zündete eine Kerze an und setzte mich auf eine Bank. Meine Gedanken waren bei den Geschehnissen der letzten Tage und bei Christoph, meinem Sohn. Mit einem Mal schoss mir ein Gedanke durch den Kopf: Es geht hier nicht um mich. Das war mir in dem Moment klar. Natürlich wollte ich das Beste für ihn. Doch wusste ich, was das Beste für ihn war? Nein, ich musste mir eingestehen, dass ich das nicht wusste. Ich fühlte plötzlich, dass ich bereit war, loszulassen. Wohin auch immer sein Weg ihn führen würde, ob weiter hier auf dieser Erde oder in andere Sphären – ich betete, dass das Beste für ihn geschehen möge. Eine tiefe Ruhe erfasste mich. Ich blieb noch einige Minuten in der Kirche und fuhr dann zurück zur Klinik.

Auf dem Weg dorthin klingelte mein Telefon. Die Ärztin meines Sohnes bat mich, sofort zu kommen. Das konnte nur eines bedeuten. Mein Herz klopfte, mein Atem ging schneller und mein Körper fing an zu zittern. Wie ich den Weg zur Klinik fand, wusste ich später nicht mehr.

Die Ärztin empfing mich an der Pforte mit Tränen in den Augen, nahm mich in den Arm und sagte: „Es ging ganz schnell“.

In diesem Moment blieb die Zeit für mich stehen. Meine Knie zitterten, mein Körper wurde von Weinkrämpfen durchschüttelt und ich lief durch den endlosen, sterilen Krankenhausflur zu dem Zimmer, das ich um 12.00 Uhr verlassen hatte. Christoph lag in seinem Bett. Ganz friedlich und es war ganz ruhig. Keine Schläuche mehr an seinem Körper, kein Piepsen des Monitors, kein Geräusch des Beatmungsgerätes.

Christoph war in der Mittagspause mit einem Lächeln auf seinem Gesicht verstorben.

Es war eingetreten, wovor ich achtzehn Jahre Angst gehabt hatte.

Den ganzen Nachmittag saß ich an seinem Bett, streichelte ihn und wartete auf meine Familie.

In dem ganzen Schmerz und der Trauer machte sich nach und nach bei mir ein Gefühl bemerkbar, das ich lange Zeit nicht mehr wahrgenommen hatte: Frieden. Ich spürte einen tiefen Frieden in mir. Seit Christoph geboren worden war, hatte ich um ihn Angst gehabt. Diese Angst war weg – und es war friedlich. Es erinnerte mich an das Gefühl, das ich als Kind empfunden hatte, als ich abends im Bett lag. Ich war allein, verbunden, getragen.

Am Abend, nachdem wir uns alle lange von ihm verabschiedet hatten, fuhr ich mit meinem Mann, Christophs Geschwistern David und Lisa, seinem Vater und dessen Frau zurück ins Hotel.

Wir betraten gerade ein Restaurant, um noch eine Weile zusammen zu sitzen und an Christoph zu denken, als wir alle erstarrten. Unser Blick fiel auf einen jungen Mann am Klavier, ungefähr in Christophs Alter, der ihm wie aus dem Gesicht geschnitten ähnlich sah.

Im Restaurant war es sehr laut und es war mir alles zu viel, als ich plötzlich ganz hellhörig wurde. Aus der Ecke des jungen Mannes am Klavier erklang das Lied, das mich vor Jahren so berührt hatte. Ich traute meinen Ohren nicht - es war das „Halleluja". Ich bekam Gänsehaut und ein Schauer lief mir über den Rücken.

In dem Moment wusste ich, dass alles gut war. Das Lied war eine Botschaft, ein Zeichen von Christoph. Auch wenn er nicht mehr physisch auf dieser Erde weilte, ich spürte: Er ist da.

Ich bin durch die größte Angst gegangen und durch den tiefsten Schmerz, den eine Mutter empfinden kann, und sehe dieses Schicksal heute als eine wertvolle Erfahrung und ein großes Geschenk. Ich wäre nicht die, die ich heute bin, wenn ich durch meine Herausforderungen nicht die Möglichkeit gehabt hätte, zu wachsen und zu reifen.

Das Leben ist niemals gegen dich – es ist immer für dich. Auch wenn es im ersten Moment nicht so erscheint.

Wo immer du auch stehst, oder was du gerade durchmachst, auch wenn es dir heute noch nicht bewusst ist -irgendwann wirst du erkennen, dass alles einen Sinn hatte.

Das Leben ist, wie es ist. Manche Dinge kannst du nicht ändern, sie stehen in einem größeren Zusammenhang, dessen Umfang wir vielleicht nicht erfassen können und unterliegen einer höheren Ordnung. Entspanne dich, vertraue und übe dich darin, die Perle in allem zu erkennen.

## Dankbarkeit

Dankbar zu sein für das, was du hast, und nicht darüber unzufrieden zu sein, was du nicht hast, bringt dich von einem Moment zum Nächsten in einen anderen emotionalen Zustand.

Auch wenn die Umstände momentan in deinem Leben oder global gesehen nicht prickelnd sind - es ist ein Privileg, zu leben und es gibt genügend Gründe, dankbar zu sein. Ja, wir sind derzeit in herausfordernden Zeiten. Gefühlt jagt eine Krise die nächste. Klimakrise, Pandemie, Krieg oder Finanzkrisen lassen uns scheinbar nicht zur Ruhe kommen. Viele Menschen fühlen sich in ihrer Existenz bedroht. Unsere vermeintliche Sicherheit und Halt bröckeln so langsam weg. Umso mehr brauchen wir unseren Ruhepol in uns, denn nur in dir selbst findest du Sicherheit und Halt. Alles, was wir im Außen vorfinden, unterliegt dem Wandel und der Veränderung. Doch tief in dir gibt es einen Raum, der von all dem unberührt bleibt. In der Meditation, in dem Gefühl der Verbundenheit und in einer Haltung tiefer Dankbarkeit findest du Zugang zu diesem Raum. Wir können auch in diesen Zeiten lernen, das Positive zu sehen.

Alles ist für uns selbstverständlich geworden in unserer Wohlstandsgesellschaft. Wir dürfen wieder lernen, uns an den kleinen Dingen zu erfreuen und sie zu schätzen.

Alles hat zwei Seiten. Durch die ganzen Einschränkungen während der Pandemie entstand wieder mehr Gemeinsamkeit. Das Leben hat dafür gesorgt, dass wir aus dem Hamsterrad herausgeworfen wurden. Die ganzen Freizeitaktivitäten fielen weg und es wurden abends wieder mehr Gesellschaftsspiele gemacht. Es war plötzlich Zeit zur Verfügung, um sie auch mal mit sich allein zu verbringen und/oder vielleicht sein Leben zu überdenken. Von vielen meinen Klienten habe ich erfahren, dass sie (wieder) anfingen zu meditieren.

Egal wie schlimm die Zeiten im Außen erscheinen, vieles können wir nicht ändern. Doch wir können entscheiden, wie wir damit sein wollen.

Das Glas halb voll und nicht halb leer zu sehen, ist eine Frage der Einstellung. Beides stimmt. Das Glas ist halb voll und halb leer. Deine Einstellung entscheidet, wie es dir damit geht, wie bei allem im Leben. Lerne, die Dinge von einer anderen „positiven“ Perspektive zu betrachten, du wirst dich besser damit fühlen.

Wie du bereits erfahren hast, ist mein Sohn mit 18 Jahren verstorben.

Ich bin unendlich dankbar für die Zeit mit ihm. Dankbar, dass uns achtzehn Jahre gemeinsame Jahre geschenkt wurden.

Das Leben ging und geht weiter. Darüber zu jammern, dass er nicht mehr da ist, bringt ihn nicht wieder zurück.

Ich habe noch zwei großartige Kinder - einen Sohn und eine Tochter. Sie haben ihrerseits wunderbare Familien gegründet und in der Zwischenzeit bin ich Großmutter von insgesamt fünf wundervollen Enkelkindern. Was für ein Segen!

Dir ist dieses Leben geschenkt, schon das ist ein Grund, dankbar zu sein. Um tiefe Dankbarkeit zu fühlen, die aus dem Herzen kommt, musst du die Mauern durchbrechen, die du dir als Schutzwall um dein Herz gebaut hast. Als Kind haben wir angefangen, unser Herz zu verschließen, um uns vor Schmerz zu schützen. Dem Schmerz, dass wir nicht gesehen, nicht wahrgenommen, ignoriert, kritisiert wurden. Doch heute bist du erwachsen. Es ist Zeit, dein Herz wieder zu öffnen.

Kleinen Kindern wird beigebracht „Danke“ zu sagen. Sie werden darauf konditioniert, sich zu bedanken und lernen so, auf bestimmte Situationen mit dem Wort „Danke“ zu antworten - ob sie es nun fühlen oder nicht. Doch wozu? Weil es sich so gehört? Weil es die Gesellschaft erwartet? Weil wir nicht wollen, dass Andere davon ausgehen, wir können unsere Kinder nicht erziehen? Wir erfüllen die Erwartungen der Gesellschaft, Kinder erfüllen unsere Erwartungen, wir leben unsere Angst vor Ablehnung weiter und übertragen sie an unsere Kinder. Das wunderbare Wort “Danke” sollte nicht als Floskel benutzt werden.

Das Wort „Danke“, das aus dem Kopf kommt, kommt nicht wirklich an.

Vor kurzem erzählte mir eine Klientin eine Geschichte, die mich sehr traurig machte. Ihre Enkeltochter geht seit ein paar Wochen in den Kindergarten. Freitags ist Oma-Tag, um zwölf Uhr holte sie die Kleine im Kindergarten ab, um den Nachmittag mit ihr zusammen zu verbringen. Als die Tür aufging und die Kinder hinausstürmten, kam die kleine Lea an der Hand der Erzieherin auf meine Klientin (ich nenne sie hier Frau Müller) zu. Leas Blick war auf den Boden gerichtet und Frau Müller sah ihr an, dass sie geweint hatte. Die Kindergärtnerin sagte: „Gell,

Lea heute gibt's keinen Sticker, weil du geweint hast. Einen Sticker gibt's nur, wenn man nicht weint." Ich war schockiert, als ich das hörte. Kinder dürfen nicht mehr weinen, wenn ihnen danach ist? Für die kleine Lea ist eine komplett neue Situation eingetreten. Sie war drei Jahre lang zu Hause bei ihrer Mama – seit einem Jahr mit ihrer kleinen Schwester zusammen. Jetzt musste sie sich trennen und durfte in den Kindergarten. Dort waren andere Kinder, fremde Erwachsene, die Mama weg, die Schwester weg. Da ist ein kleines Mädchen doch verständlicherweise verunsichert und traurig.

Doch es ging noch weiter. Die Erzieherin sagte: „Ich wünsche dir ein schönes Wochenende Lea, bis Montag." Lea sah nur schüchtern auf den Boden. Die Dame erhöhte ihre Lautstärke und wiederholte den Satz: „Ich hab´ gesagt, ich wünsche dir ein schönes Wochenende Lea." Ganz leise, den Kopf in Richtung Boden gesenkt, hauchte die kleine Lea „Danke" aus ihrem Mund. Mich hat diese Geschichte sehr berührt. Das kleine Mädchen musste sich bedanken, weil es zu den sogenannten Anstandsregeln gehört. Doch es fühlte in dem Moment keine Dankbarkeit, sondern Angst, Unsicherheit, Scham und Schmerz.

In solchen Situationen, die wir alle als Kinder erfahren haben, fangen wir an, unsere Herzen zu verschließen, und uns danach zu richten, was die Erwachsenen hören wollen. Wir passen uns an und verlieren dabei das Kostbarste, was wir haben: uns selbst! Lass uns auf die Reise gehen und uns wieder finden.

Kinder lernen von den Erwachsenen – und am meisten von nahestehenden Bezugspersonen. Ich lade dich ein, dich wieder mehr mit deinem Herzen zu verbinden und aus deinem Herzen zu leben. Es gibt kein größeres Geschenk, was du dir, deinen Kindern und deinen Mitmenschen machen kannst. Öffnest du dein Herz, berührst du damit die Herzen der Menschen, mit denen du dich umgibst. Deine Kinder lernen durch dich, in ihren Herzen zu bleiben. Du ebnest ihnen den Weg für ein selbstwirksames, glückliches Leben.

Kinder strahlen, wenn sie sich freuen und wenn sie dankbar sind. Ich sehe es als unsere Pflicht an, dafür zu sorgen, dass unsere Kinder ihre Verbindung zu ihrem Herzen bewahren.

Lassen wir unsere Konditionierungen, Prägungen und Glaubenssätze los und fangen an, das Leben als das zu betrachten, was es ist – ein Geschenk.

Im Zustand tiefer Dankbarkeit bist du in einer hohen Schwingung. Dein Herz erzeugt ein Energiefeld, das über deinen Körper hinausreicht. Wenn dein Herz in sogenannter Kohärenz, also in Balance ist, hat das eine Wirkung auch auf dein Gehirn. Denn Herz und Hirn stehen in direkter Verbindung. Das, was du fühlst, hat eine Wirkung auf dein Gehirn, und das, was du denkst, wirkt sich auf dein Herz aus. Diese Energie zieht dir wiederum noch mehr in dein Leben, wofür du dankbar sein kannst. Gleiches zieht Gleiches an. Da, wo deine Aufmerksamkeit ist, geht die Energie hin. Das, wo die Energie hinfließt, wird zu deiner Realität. Das hatten wir ja schon ...

Wie ich im vorherigen Kapitel erwähnte, geht es jedoch nicht nur um dich. Mit deiner Energie berührst du die Menschen in deinem Umfeld und wirkst dadurch noch weit darüber hinaus. Seit ungefähr sieben Jahren nehme ich regelmäßig an Workshops von Dr. Joe Dispenza teil. Dr. Joe, wie er genannt wird, belegt durch seine Forschungen die Wirkung tiefer Meditationen und die dadurch erzeugte Herzkohärenz nicht nur auf den eigenen Körper, sondern auch auf das Umfeld. Zusammen mit anderen Wissenschaftlern hat er untersucht und nachgewiesen, dass bei Personen, die im gleichen Raum mit Meditierenden sitzen und durch die Meditation tiefe Gefühle der Dankbarkeit in ihrem Herzen erzeugen, zur selben Zeit Herzkohärenz mit diesen Personen entsteht. Auch hier zeigt sich deutlich, dass wir über ein Energiefeld miteinander verbunden sind.

Welche Veränderungen könnten wir nicht nur bei uns bewirken, wenn wir alle mehr Dankbarkeit fühlen und leben würden? Ich bin überzeugt, es herrschte Frieden auf dieser Welt.

Dankbar zu sein ist ein Zustand von Fülle. In diesem Zustand fehlt dir nichts. Du erfreust dich an den Dingen, Menschen oder Orten, mit denen du umgeben bist.

Was brauchst du da noch? Nichts. Es macht friedlich und frei, nichts zu brauchen.

Ich lade dich ein, folgende Übung zu machen. Probiere diese vier Wochen aus und schau, was sich verändert.

Bevor du abends ins Bett gehst, schreibe dir drei Dinge auf, für die du dankbar bist.

Und stresse dich dabei nicht. Wenn der Tag nicht gut gelaufen ist, wird dir dein Gehirn einreden, dass es nichts gibt, wofür du dankbar sein kannst. Lass deinen Verstand reden und erinnere dich an die kleinen Dinge. Vielleicht hat dir heute jemand ein Lächeln geschenkt.

Du bist pünktlich zur Arbeit gekommen, obwohl du verschlafen hast. Deine Kinder haben dir etwas Schönes gebastelt. Dein Hund saß schon an der Tür, als du nach Hause kamst, und wedelte vor Freude, dich zu sehen, mit dem Schwanz.

Es wird Tage geben, da fällt dir ganz viel ein und du schreibst fünf, sechs, sieben oder mehr Dinge auf, und es wird Tage geben, da wirst du vielleicht Schwierigkeiten haben, auf drei Dinge zu kommen. Bleib dran. Je öfter du dich in Dankbarkeit übst, umso leichter wird es dir fallen.

Wenn du deinen Aufschrieb gemacht hast, lege dich hin und atme tief in deinen Bauch. Spüre, wie sich die Bauchdecke beim Einatmen hebt und beim Ausatmen senkt. Ohne Anstrengung. Sei mit deiner Aufmerksamkeit ganz bei deinem Atem. Du wirst spüren, dass du mit jedem Atemzug entspannter wirst. Dann lege eine Hand auf dein Herz. Verbinde dich mit deinem Herzen und hol dir gedanklich die Dinge her, die du aufgeschrieben hast. Lass aus Deinem Herzen das Gefühl der Dankbarkeit aufsteigen. Atme dabei ruhig weiter. Vielleicht bist du erstaunt, dass sich, selbst nach einem anstrengenden und/oder schlechten Tag, ein Lächeln auf deinem Gesicht zeigt.

Wenn du diese Übung zu deinem abendlichen Ritual machst und in diesem Gefühl der Dankbarkeit einschläfst, wirst du eine ruhigere Nacht haben und am Morgen ganz anders aufwachen.

Du kannst am Morgen gleich weitermachen, indem du nach dem Aufwachen ein paar Minuten liegen bleibst, und dich bedankst, dass dir ein weiterer Tag geschenkt ist. Und freue dich darauf, wofür du heute dankbar sein kannst. Starte bewusst in diesem Gefühl in den Tag. Du wirst überrascht sein, was sich dadurch verändert.

An dieser Stelle bedanke ich mich bei dir von ganzem Herzen. Danke, dass du mir deine Zeit und Aufmerksamkeit geschenkt hast. Danke, dass ich mit dir meine Geschichte, meine Erfahrungen und mein Wissen teilen durfte.

Ich wünsche dir, dass du dich in jedem Moment daran erinnerst, wie großartig, einzigartig und machtvoll du bist.

Sei einfach glücklich – jetzt. Es liegt in deiner Hand durch deine Entscheidung!

## Herzlichen Dank

In erster Linie bedanke ich mich bei meinen großartigen Kindern, David, Lisa, Christoph.

Danke David und Lisa, dass ihr mir immer vertraut habt. Danke, dass ihr alles, was ich für mich entschieden habe, getragen habt.

Danke, dass uns unser gemeinsames Schicksal zusammengeschweißt hat. Danke, dass ihr zu wunderbaren Persönlichkeiten herangewachsen seid. Danke, dass ihr mir mit Euren wunderbaren Partnern, Martina und Bernd, so wundervolle Enkelkinder geschenkt habt und ich so reich beschenkt bin.

Danke Christoph, dass du bei uns warst, dass du uns durch dein Dasein so viel Freude bereitet hast. Danke, dass wir durch dich auch an unsere Grenzen kamen und an unseren tiefsten Schmerz und wir dadurch gewachsen sind und erfahren durften, wie kostbar das Leben ist und wie wertvoll gemeinsame Zeit mit unseren Liebsten ist. Du wirst immer bei uns und in unseren Herzen sein. Dein Dasein war/ist ein wahrer Segen und eine große Bereicherung.

Ich danke meinem wunderbaren Mann, Rainer. Danke, dass du nie eine Frage dazu hattest, mit mir und meinen Kindern in eine gemeinsame Zukunft zu gehen. Danke, dass du mich auf meinem Weg begleitest, an mich glaubst und in allem unterstützt. Danke, dass wir es immer wieder schaffen, aus deinem Weg und meinem Weg einen gemeinsamen Weg zu kreieren.

Danke für deine Liebe.

Danke, dass du meine Kinder wie deine eigenen liebst.

Danke an meine Stiefsöhne Heiko mit Ehefrau Anne und Söhnchen Louis und Patrick mit Natalie.

Danke, dass wir als Patchwork-Familie so schön harmonieren und gemeinsam zusammengewachsen sind. Schön, dass es euch gibt.

Ich danke Mirjam, die mich beim Schreiben dieses Buches als Autorencoach und Lektorin auf großartigste Weise unterstützt hat. Danke für deine kompetente Sichtweise und wertvollen Hinweise und Anmerkungen beim Lektorat. Auch wenn einiges erst einmal meine Glaubenssätze getriggert hat, hast du mir geduldig erklärt, dass das normal ist und mir verholfen dranzubleiben. Danke, dass du mich immer wieder motiviert und inspiriert hast, weiterzumachen, wenn ich in einer Schreibblockade steckte. Ohne dich Mirjam, wäre mein Traum vom eigenen Buch vermutlich ein Traum geblieben. Danke, dass du dich mir - bei unserer ersten Begegnung - als Autorencoach vorgestellt hast. Ein Wink des Schicksals – dieses Buch ist daraus entstanden. Ich danke dir von Herzen.

Danke Julia, für dein achtsames und sorgfältiges Korrekturlesen, dein konstruktives Feedback und vor allem für unsere wundervolle und bereichernde Freundschaft. Danke, dass du in mein Leben getreten bist.

Danke an all die vielen Klient*innen und Patient*innen, die ich in den ganzen Jahren unterstützen durfte und die mir ihr Vertrauen geschenkt haben.

Ohne Euch und die ganzen Erfahrungen, die ich mit euch machen durfte, wäre ich heute nicht die, die ich jetzt bin. Ihr habt wesentlich zu meiner Entwicklung beigetragen. Danke!

Danke an alle Freunde und Bekannte, die ich nicht im Einzelnen benennen kann. Es ist so schön so viel Spaß mit euch zu haben. Danke, dass ihr mir auch in meinen herausforderndsten Zeiten beigestanden habt und für mich da wart.

Danke an meinen Exmann, Roland – ohne dich hätten wir nicht diese drei großartigen Kinder. Danke, dass wir es geschafft haben, respektvoll miteinander umzugehen.

Danke an meine ehemaligen Schwiegereltern, die für ihre drei Enkel immer da waren und auch nach der Trennung von ihrem Sohn, die Tür immer für mich offenstand.

Danke an meine Eltern, dass ihr mir mein Leben geschenkt habt. Durch euer So-Sein hatte ich die Möglichkeit zu wachsen, mich zu entwickeln, zu entdecken, wer ich wirklich bin und mich in Vergebung und Mitgefühl zu üben.

Danke an meine Geschwister und Familien, es ist so wunderbar eure vielfältigen Persönlichkeiten zu erleben und sich in einer Großfamilie eingebettet zu fühlen. Danke, dass ihr immer für mich da seid.

Ich danke dem Universum, das mich jederzeit auf wundervolle Weise unterstützt!

Danke an alle meine großartigen Lehrer, die mich inspiriert und mich auf meinem spirituellen Weg begleitet haben. Alle haben mich tief beeindruckt, ihr Wissen, ihre Geschichte, ihre Energie, ihre Liebe, ihr Sein. Ich durfte so viel lernen durch euch. Jedoch einen möchte ich namentlich nennen. Dr. Joe Dispenza – ich danke dir von Herzen Dr. Joe. Durch dich habe ich verstanden und erkannt, wie Schöpfung geht, wie untrennbar wir mit allem verbunden sind und welch göttliche Wesen wir sind. Dein Wirken, deine Forschungen, deine Workshops und Lehren sind ein wahrer Segen für die Welt. Ich wünsche jedem Menschen, dass er den Weg in einen deiner Workshops findet, und eine Erfahrung macht von unbeschreiblicher Energie, tiefer Hingabe, Liebe und Transformation und eintaucht in das Nichts, das Alles – das Quantenfeld – wo alles möglich ist und erschaffen wird.

Und ich danke mir! Dass ich mir vertraue, dem Leben vertraue und meine Neugier und Entdeckerfreude aufrechterhalten habe – ich nicht müde werde, entsprechend meiner Absichten zu handeln.

Sollte ich jemanden vergessen haben – bitte verzeihe es mir. Ich danke auch Dir!

Danke für jede Begegnung in meinem Leben!